RÉPERTOIRE

DÉTAILLÉ DES

TAPISSERIES DES GOBELINS

EXÉCUTÉES

de 1662 à 1892

HISTOIRE — COMMENTAIRES — MARQUES

PAR

E. GERSPACH

ADMINISTRATEUR DE LA MANUFACTURE NATIONALE DES GOBELINS

PARIS

A. LE VASSEUR ET Cie, ÉDITEURS

33, RUE DE FLEURUS, 33

1893

RÉPERTOIRE

DÉTAILLÉ DES

TAPISSERIES DES GOBELINS

EXÉCUTÉES

de 1662 à 1892

OUVRAGES DU MEME AUTEUR

La Mosaïque, avec gravures 3 50
L'Art de la Verrerie, avec gravures 3 50
Les Tapisseries coptes, avec 160 dessins originaux, tirés
   en bistre et en couleur, cartonné. . . . . 8 »
Documents sur les anciennes Faïenceries françaises
   et sur la Manufacture de Sèvres . . . . 12 »
La Manufacture nationale des Gobelins, avec gravures . 3 50

EN PRÉPARATION

Nomenclature des tapisseries des Gobelins, données, vendues
   et détruites de 1662 à 1892
La Réparation des anciennes tapisseries.
La Manufacture nationale de Mosaïque.

RÉPERTOIRE

DÉTAILLÉ DES

TAPISSERIES DES GOBELINS

EXÉCUTÉES

de 1662 à 1892

HISTOIRE — COMMENTAIRES — MARQUES

PAR

E. GERSPACH

ADMINISTRATEUR DE LA MANUFACTURE NATIONALE DES GOBELINS

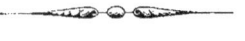

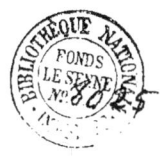

PARIS

A. LE VASSEUR ET Cie, ÉDITEURS

33, RUE DE FLEURUS, 33

1893

AVERTISSEMENT

La faveur croissante qui entoure les anciennes tapisseries après tant d'années de dédain, le grand nombre d'ouvrages inexactement attribués aux Gobelins, l'honneur même rendu à la Manufacture par la qualification de Gobelins donnée, sans intention de fraude, à des tapisseries tissées de toutes les époques et de toutes les provenances, m'ont décidé à entreprendre le travail que je présente aux érudits et aux amateurs.

Tous les documents dont je me suis servi sont officiels.
Ils comprennent :
Les États des travaux des ateliers de la Manufacture.
Les Inventaires des gardes du magasin des tapisseries.
L'Inventaire général du mobilier de la couronne, de 1663 à 1715.
Les Inventaires des gardes des modèles.
La Correspondance.

Si les registres des Gobelins avaient été tenus correctement, le Répertoire n'eût été qu'une affaire de copie et de pointage, mais il n'en a pas été ainsi.

Sur les états de fabrication, les tapisseries changent de titre et quelquefois elles ne sont désignées que par le nom de l'auteur du modèle ou même par le nom du peintre qui a copié le modèle.

Au xviie siècle et au xviiie, jamais à la Manufacture il n'y a eu d'enregistrement régulier des tapisseries remises au magasin par les ateliers; de temps à autre, le garde dressait un inventaire des pièces des Gobelins ou d'ailleurs qu'il conservait, et les titres n'étaient pas toujours ceux des ateliers; parfois, le garde groupait arbitrairement des tapisseries, qui n'avaient pas été conçues pour un ensemble.

Le magasin des modèles avait des toiles achetées, commandées ou prêtées en vue de la tapisserie, mais qui n'ont pas été exécutées; les livrets des Salons de peinture portent également des mentions de destination aux Gobelins qui peuvent donner lieu à erreur.

L'inventaire du mobilier de la couronne fournit le nombre des pièces des tentures et le total de la surface, mais il ne donne pas le sujet spécial de chaque tapisserie.

En soumettant ces documents à une sévère critique, je suis parvenu à dresser la liste des tapisseries officiellement exécutées aux Gobelins de 1662 à 1892. Je dis à dessein *officiellement*, car il y en a eu d'autres (page 17).

J'ai marqué le nombre de pièces résultant d'un même modèle; il n'y a d'incertitude que pour quelques ouvrages de la fin du xviiie siècle, parce qu'alors les chefs d'ateliers entrepreneurs se sont contentés quelquefois d'inscrire sur les états le titre général de la tenture sans spécifier le sujet des tapisseries.

J'ai mis les entrefenêtres avec les tentures qu'ils devaient accompagner.

Les répliques totales ou partielles, quelles que soient les époques de fabrication, ont été placées à la suite des ouvrages primitifs.

Les tapisseries inachevées ont été mentionnées lorsqu'elles ont été mises en magasin.

J'ai omis les tapisseries pour meubles, quoique ce genre ait été fabriqué d'une façon assez suivie depuis 1748; sauf pour quelques rares garnitures, la désignation des pièces est insuffisante pour les caractériser.

J'ai négligé les travaux d'essai, les fonds unis ou fleurdelisés, les emblèmes, les couronnes et les chiffres séparés.

Les mesures des tapisseries n'ont pas été inscrites; la chose facile pour les œuvres modernes eût été presque impossible pour la plupart des œuvres anciennes. En général, on travaillait jadis par tentures composées de plusieurs pièces et l'usage était d'inscrire sur les registres, à côté de la hauteur, le *cours* de l'ensemble, c'est-à-dire la longueur totale des tapisseries placées à la suite l'une de l'autre; la division n'eût pas fourni de résultats précis, les pièces d'une suite n'ayant pas toujours les mêmes développements. Les mesurages du reste n'ont jamais été faits avec méthode, surtout lorsqu'une bordure ou un entourage, après avoir été tissés à part, étaient rentrayés à la tapisserie.

La vérification matérielle sur les tapisseries anciennes appartenant encore à l'État eût été pénible et infructueuse. Le Mobilier national possède la plus grande partie de ces ouvrages; ils sont en magasin à Paris, ou dispersés dans les palais nationaux, les ministères, les résidences de nos agents diplomatiques et les expositions. Mais le Mobilier n'a pas sur ses inventaires toutes les tapisseries des Gobelins du domaine de l'État ; il s'en trouve dans les Musées, aux Gobelins, à Beauvais, à la Faculté de médecine de Paris, à l'Académie de France de Rome et dans d'autres localités. Elles sont roulées, tendues, repliées en parties, engagées dans des boiseries, dépourvues parfois de leurs bordures primitives ; le mesurage, dans ces conditions, présentait des difficultés hors de proportions avec les services que l'opération pouvait rendre.

La responsabilité d'un ouvrage appartenant à l'autorité qui en prescrit l'exécution, j'ai donné l'époque approximative ou la date précise de la mise sur métier des tentures et des répliques.

A quelques exceptions près, je n'ai pu déterminer d'une façon très exacte l'ordre suivi de 1662 à 1691, les documents que j'ai consultés ne fournissant pas de renseignements complets.

Après la mort de Le Brun, on dressa aux Gobelins l'état des tapisseries faites sous sa direction ; la liste est divisée en haute et en basse lisse, avec les dates extrêmes seulement pour chaque fabrication et dans un ordre visiblement arbitraire. L'inventaire général du Mobilier de la couronne, de 1663 à 1715, contient bien les tapisseries des Gobelins prises en charge, mais sans les dates particulières d'entrée et seulement par périodes.

Je me suis borné, par suite, à classer les ouvrages de cette époque dans l'ordre probable de la fabrication, d'autant plus suffisant que plusieurs des premières tentures ont été commencées simultanément.

A partir de 1697, les dates de mise en œuvre sont marquées, sauf cependant pour quelques pièces des dernières années du xviiie siècle.

Les ateliers de fabrication des tentures et des tapisseries isolées ont été désignés de 1662 à 1792 ; en cette année le travail à l'entreprise ayant été supprimé, les chefs d'ateliers ont perdu leur personnalité.

Lorsqu'une tapisserie a été commencée par un entrepreneur et terminée par un autre, les deux noms ont été inscrits.

Il m'a été possible de relever sur les tapisseries les signatures de seize chefs d'atelier entrepreneurs sur les dix-huit qui ont été en fonctions. Je reproduis ces marques, elles ont leur valeur, car, à moins de supercherie, elles fournissent le certificat d'origine de la pièce et la date approximative de l'exécution.

E. G.

PRÉCIS HISTORIQUE ET TECHNIQUE

I

La Manufacture des Meubles de la Couronne a été fondée en 1662 par Louis XIV, sur la proposition de Colbert ; mais, avant de fixer le règlement, le ministre voulut se rendre compte des besoins du service, et il remit la promulgation de l'édit royal à l'année 1667.

L'édit est une œuvre hors ligne de science administrative, de prévoyance et de patriotisme. Avec toutes les dispositions utiles à l'apprentissage, à la qualité des ouvrages et à la protection du personnel, il instituait des ateliers de « peintres, tapissiers, orphèvres, fondeurs, graveurs, lapidaires, menuisiers en ébène et en bois, teinturiers et autres ouvriers en toutes sortes d'arts et métiers. »

La Manufacture fut établie au faubourg Saint-Marcel, dans une maison ayant appartenu à la famille des Gobelins teinturiers renommés, originaires de Reims [2].

Déjà Henri IV avait, dès 1603, installé, dans le même en-

---

1. Nous reproduisons l'Édit à la fin du volume.
2. Jamais la famille Gobelin n'a fait de tapisseries ; Gluck, un de ses successeurs, teignait, en 1699, des étoffes pour Mme de Maintenon.

clos, les maîtres tapissiers Marc de Comans et François de la Planche.

On a longtemps pensé que cette localité avait été choisie à cause des qualités tinctoriales des eaux de la rivière de Bièvre; c'est une légende persistante. En réalité, jamais l'eau de la Bièvre, alors même qu'elle n'était pas corrompue par les fabriques riveraines, n'a été meilleure pour la teinture que l'eau de la Seine, dont la Manufacture se sert depuis le siècle dernier.

Les fils et successeurs de Comans et de de la Planche se séparèrent en 1629 : Raphaël de la Planche s'établit au faubourg Saint-Germain ; Charles Comans et ses enfants demeurèrent dans la maison des Gobelins jusque vers 1654.

La fondation de Henri IV a pris le nom de première Manufacture des Gobelins: elle a produit des tapisseries très remarquables.

Indépendamment de la fabrique du faubourg Saint-Germain, il y avait, en 1662, au Louvre et aux Tuileries, quelques métiers en activité. Une partie des tapissiers de ces ateliers fut appelée aux Gobelins ; mais, comme ce premier noyau était trop faible, il fut renforcé par des tapissiers de Maincy.

Foucquet, le fastueux surintendant, avait décoré son château de Vaux-le-Vicomte avec goût et magnificence ; il possédait notamment cent vingt tapisseries à personnages et verdures. Cette collection ne suffisant pas, il créa, pour son usage personnel, un atelier de tapisserie dans le village voisin de Maincy et en confia la direction au peintre Charles Le Brun, déjà chargé de la décoration du château.

Le Brun composa plusieurs modèles qui furent exécutés par les tapissiers flamands de l'atelier.

Foucquet tomba en disgrâce, et Louis XIV le fit arrêter à Nantes, en septembre 1661. Le roi confisqua à son profit les tapisseries anciennes, et, l'année suivante, il envoya aux Gobelins les tapisseries en cours d'exécution. Le Brun, nommé directeur de la Manufacture des Meubles de la Couronne, embaucha quelques-uns des tapissiers qu'il avait précédemment dirigés.

La Manufacture fut placée dans les attributions du surintendant des Bâtiments, Arts et Manufactures de France. Elle fonctionna avec une étonnante activité tant que les finances restèrent prospères ; mais, en 1694, le personnel fut licencié, le Trésor n'étant plus en mesure de payer les dépenses ; les tapissiers furent cependant autorisés à continuer les travaux à leurs risques et périls.

En 1699, la Manufacture fut de nouveau ouverte officiellement, mais les ateliers de broderie, de mosaïque, d'ébénisterie, de bronze et d'orfévrerie furent à jamais supprimés. Seuls, les ateliers de tapisserie reprirent leur fabrication. Depuis lors, ils n'ont cessé de travailler malgré la misère des temps, les révolutions et les changements de régimes.

La Manufacture passa dans les attributions des directeurs et ordonnateurs généraux des Bâtiments, Jardins, Arts, Académies, et Manufactures de France, qui, en 1726, remplacèrent les surintendants ; puis elle fit partie des listes civiles des souverains. A chaque suppression de la monarchie, elle rentra dans les services publiques, et són budget fut soumis aux Chambres.

Aucun gouvernement, aucun parlement ne lui a refusé la protection, car tous ont reconnu que l'institution était un honneur pour le pays.

On a beaucoup exagéré le nombre des tapissiers au xvii° siècle; d'après mes calculs, il n'a jamais dépassé deux cents; au xviii° siècle, il a oscillé entre cent dix et cent vingt; au xix° siècle, il a été de quatre vingts à cent au maximum; par moments, il est descendu à une trentaine; actuellement, il est de quarante environ et de six élèves. Je parle, bien entendu, des ateliers de tapisserie et non de l'atelier des tapis.

Le recrutement se fait dans l'école de dessin fondée par Colbert; l'école existe toujours. A mérite égal, la préférence est donnée aux enfants de la Maison. Grâce à cette sage mesure, la moitié environ des artistes tapissiers résulte des anciennes familles des Gobelins.

Dans l'origine, les laines seules étaient teintes à la Manufacture; les soies venaient de Lyon. Bientôt, l'atelier de teinture fit tout le travail, aussi bien pour les Gobelins que pour Beauvais, il en est encore ainsi.

Dès l'origine aussi, il y eut un atelier de rentraiture, chargé de la réparation des anciennes tapisseries appartenant à l'État; ce service fonctionne toujours.

A toutes les époques, et maintenant encore, la Manufacture a pu, avec l'autorisation du ministre, vendre des tapisseries et accepter des commandes pour les particuliers.

II

Les ateliers de tapisseries ont été, dès 1663, divisés en deux fabrications distinctes : la haute et la basse lisse. La première se fait sur un métier vertical ; la seconde, sur un métier horizontal. A l'aspect d'un ouvrage de bonne exécution, il n'est pas possible de distinguer les genres : le grain peut être le même et le modèle aussi.

Naturellement, il y eut rivalité entre les deux fabrications ; l'administration encouragea la lutte en confiant à la basse lisse d'importantes tentures et en lui faisant répéter des tapisseries qui avaient déjà été exécutées en haute lisse. Chaque fois que la basse lisse a été bien conduite, elle est sortie avec succès de ces épreuves

Le baslissier travaille avec les deux mains ; cette facilité donne, à modèle égal, une production d'un tiers environ supérieure à celle du hautlissier, qui ne peut se servir que d'une main pour manœuvrer la broche chargée des fils constituant la trame de la tapisserie. Malgré cette différence, la haute lisse fut maintenue, sans doute parce qu'elle avait une meilleure tenue et qu'étant exclusive aux Gobelins, on ne voulut pas laisser tomber une pratique qui remonte à l'antiquité.

En 1825, les métiers de basse lisse furent transférés à la Manufacture royale de Beauvais et remplacés aux Gobelins par les métiers de tapis dits de la Savonnerie. La fabrique avait été créée au Louvre par Henri IV et établie plus tard à l'hospice de la Savonnerie, à Chaillot, fondé en 1615 par Marie de Médicis pour l'entretien et l'instruction des enfants pauvres des hôpitaux de Paris.

L'organisation intérieure des Gobelins, réglée par Colbert, était très ingénieuse.

Le directeur a sous ses ordres des chefs d'ateliers, qui sont en même temps des entrepreneurs de travaux; lorsqu'un modèle est approuvé par le ministre, le directeur en étudie les difficultés d'exécution et fixe le prix, à l'aune carrée de France, à servir à l'entrepreneur pour les frais de la main-d'œuvre. L'entrepreneur, à son tour, paye les tapissiers qui travaillent à la tâche et sont rétribués selon les *qualités*, c'est-à-dire les genres d'ouvrages : carnation, draperies, fleurs, terrain, etc. La mesure en usage dans les ateliers est le baton carré de Flandre équivalant à la quarante-huitième partie de l'aune carrée de France. L'entrepreneur touche en plus des honoraires fixes par aune carrée pour les soins qu'il donne. Les tapissiers reçoivent des gratifications supplémentaires et des secours.

Les chefs ont le droit de détruire l'ouvrage mal fait. Pour garantir la solidité des couleurs, les laines et les soies, les *étoffes*, comme on disait alors, sont teintes à la Manufacture et livrées à l'entrepreneur contre remboursement.

Avec ce système, la qualité du travail est assurée; le tapissier a tout intérêt à produire, puisqu'il est payé aux pièces, et l'État peut calculer d'avance le prix de revient d'une tapisserie.

En 1792, l'entreprise est supprimée; les entrepreneurs deviennent de simples chefs d'ateliers et les tapissiers, des employés payés à l'année et travaillant à la conscience.

Le mécanisme de Colbert était excellent, mais, pour le faire marcher, il faut un fond de roulement suffisant. Dès que l'État est en retard avec les entrepreneurs et que ceux-ci ne peuvent plus payer les tapissiers chaque semaine, la machine se détraque, l'autorité faiblit et les abus surgissent. A peine les finances de Louis XIV furent-elles en mauvais état que les subsides n'arrivèrent plus régulièrement aux Gobelins et, par malheur, la situation dura jusqu'à la Révolution.

Les entrepreneurs, obligés de faire crédit à l'État, voulurent des compensations ; afin de se procurer l'argent nécessaire à la paye, ils se mirent à travailler pour le public ; on ferma les yeux d'abord, puis on autorisa.

Dès 1694, je constate que Jans, entrepreneur de haute lisse, avait un atelier personnel au Grand-Louis.

C'était une maison attenante aux Gobelins et en communication avec la Manufacture au moyen d'une porte intérieure. Le nom venait d'une enseigne où pendait le portrait de Louis XIV.

De la Fraye, entrepreneur de basse lisse, avait, en 1694, sur les métiers mêmes des Gobelins, des tapisseries pour les particuliers.

L'usage de travailler ainsi, dans l'enclos de la Manufacture, persista après la réouverture de 1699. Au XVIIIe siècle, je trouve des entrepreneurs chefs d'ateliers, propriétaires de modèles spéciaux, qu'ils prêtaient quelquefois à la Manufacture ; ils signaient de leurs noms les ouvrages commandés par les particuliers. En 1753, les trois entrepreneurs en fonction, Audran, Cozette et Neilson, conclurent, pour les travaux de cette nature, un traité qu'ils soumirent au marquis de Marigny, alors directeur général. Parmi les raisons qu'ils font valoir pour obtenir protection, ils assurent, et le fait était exact, que, depuis longtemps déjà, il s'est établi, dans le voisinage de la Manufacture, de *nouveaux* ateliers clandestins tenus par divers fabricants, et notamment par Rançon, Rondet et Bellanger, tous trois tapissiers, logés aux Gobelins, où cependant ils ne sont plus employés; ces ateliers embauchent des ouvriers de la Manufacture, achètent des laines volées dans le magasin du roi et vont jusqu'à commander à des peintres la copie de certains modèles en dépôt à la Manufacture; ils vendent leurs produits comme des Gobelins véritables et font ainsi le plus grand tort à la renommée de la Maison.

Deux fabricants de tapisseries d'Aubusson, Déarteau et Roger, établis à Paris, rue de la Huchette, se livrent à de semblables opérations, et un certain nombre de tapissiers logés aux Gobelins travaillent en cachette dans leurs chambres.

Voilà donc en circulation trois sortes de tapisseries: premièrement, de vraies tapisseries des Gobelins approuvées par le ministre; secondement, des ouvrages exécutés dans l'enceinte de la Manufacture, au su des premiers supérieurs, sous la conduite des chefs d'ateliers entrepreneurs, signés par eux, faits d'après des modèles qui ont quelquefois servi à la Manufacture; ces tapisseries ne peuvent être considérées comme de vrais Gobelins[1], puisqu'il leur manque la sanction officielle ; troisièmement, des tapisseries de mauvais aloi, tissées en secret par des ouvriers du roi avec les laines et même parfois d'après les modèles de la Manufacture.

S'il ne m'est pas possible de déterminer les pièces ainsi fabriquées, je crois cependant pouvoir rattacher aux fabrications particulières des chefs d'ateliers le portrait de Catherine d'Entragues, signé Jans ; une tenture de sept pièces, d'après Jeaurat, plusieurs fois répétées : L'HISTOIRE DE DAPHNIS ET DE CHLOÉ ; une HALTE DE CHASSE avec le portrait du maréchal de Villars en costume de vénerie, signée par Cozette avant qu'il fût entrepreneur ; plusieurs portraits d'après Drouais, également signés par Cozette, qui semble avoir eu la spécialité de ce genre d'ouvrages ; LES FESTES DE VILLAGE, tenture de quatre pièces, d'après Jeaurat, tissées par Monmerqué et Audran. Il me paraît aussi que diverses tapisseries d'après Boucher ont une pareille origine.

Les entrepreneurs avaient une partie de leur clientèle à

---

1. S'il y a de faux Gobelins en circulation, il y a aussi de faux Sèvres, et en très grande quantité.

Pendant longtemps, on a vendu à Sèvres les pièces blanches de second choix, en ayant soin d'oblitérer au préalable la marque de fabrication par un coup de roue ; l'industrie faisait disparaître cette encoche au moyen d'une pâte céramique, décorait les pièces d'après des modèles de la Manufacture et ajoutait frauduleusement la seconde marque de Sèvres indiquant l'année du décor. Ces pièces, qui cependant étaient bien en porcelaine de Sèvres et qui pouvaient avoir été décorées par des artistes de l'établissement, ne sont pas des produits de la Manufacture, pas plus que les tapisseries exécutées pour les particuliers par les entrepreneurs des Gobelins ne sont des tapisseries des Gobelins.

l'étranger; en 1768, ils livrèrent en Angleterre dix tapisseries à valoir sur des commandes faites par mylord Northumberland, mylord Cowentry, mylord Fife et Widall.

Assurément, le nombre de ces faux Gobelins est assez considérable, car, tant au Grand-Louis que dans un endroit nommé les Marais, dont je n'ai pu déterminer l'emplacement, on a travaillé, jusque vers la Révolution, en concurrence avec les entrepreneurs chefs d'ateliers qui, eux-mêmes, par leurs commandes particulières, faisaient concurrence aux Gobelins, dont les directeurs s'efforçaient de vendre les produits pour suppléer à l'insuffisance des ressources fournies par le trésor de la Couronne.

Il m'a semblé que ces faits pouvaient être utilement portés à la connaissance des érudits et des amateurs.

III

Les Gobelins n'ont cessé d'être de leur temps.

Sans doute la protection et la faveur ont eu leur action; sans doute aussi la pénurie du Trésor a souvent commandé la reprise d'anciennes tentures et forcé la main dans le choix des modèles. Mais l'obligation d'obéir à un ordre et l'impérieuse nécessité d'éviter le chômage des ateliers ne peut infirmer ce fait que, depuis l'origine jusqu'à nos jours, à toutes les époques où dominait un style ou un sens décoratif spécial, les tapisseries des Gobelins sont en accord avec ces manifestations.

Pour s'en convaincre, il suffit de passer en revue les phases essentielles et caractéristiques de la fabrication.

Sous Louis XIV, l'unité de style se manifeste dans toutes les productions de l'esprit français : châteaux, jardins, tragédies, tableaux, costumes sont inspirés par un même sentiment de grandeur, de dignité et de noblesse. Le Brun lance les Gobelins dans ce mouvement, mais il ne peut suffire à toutes les charges dont le roi l'a pourvu ; rarement il peint lui-même ses modèles ; il s'entoure de peintres distingués et leur confie le soin de travailler d'après ses esquisses, ses *pensées*, selon la juste expression d'alors. Ses collaborateurs obéissent et se dévouent à ce point que tous les modèles, quelle que soit la main qui les a peints, semblent venir de l'atelier du maître. Les tapisseries d'après Le Brun présentent ainsi une égale magnificence ; la sévérité des sujets, qui se réflète même dans les allégories, est tempérée par d'admirables et d'amples bordures où Le Brun met en jeu, avec une science de composition accomplie, les éléments divers que lui offrent l'ornement, l'architecture, les fleurs et les fruits, les instruments et la mythologie.

Le maître n'est pas exclusif ; à côté de ses propres ouvrages, généralement consacrés à la gloire de son prince, et dont L'HISTOIRE DU ROI est le type accompli, il fait exécuter des tentures non seulement d'après Raphaël, Jules Romain, Van Orley, Lucas de Leyde, Le Poussin, Mignard, tous artistes renommés, mais il prend pour modèles des toiles d'inconnus, LES INDES, par exemple.

Lorsqu'une tenture, comme LES BELLES CHASSES DE

GUISE, est copiée sur une tapisserie des Flandres, le tissu est imité de très près, une partie du personnel étant d'origine flamande. Quand le tapissier travaille sur un modèle peint, il prend la technique adoptée par Le Brun, plus souple, mais toujours sobre, à couleurs fraîches et à larges effets.

Le même style persiste après la mort de Le Brun. Cependant, vers la fin du xviie siècle, la tendance s'accentue vers le genre *Arabesques, Rabesques, Grotesques*, déjà pratiqué du reste au xvie siècle, et aux Gobelins depuis leur fondation. On sait que l'expression *Arabesque* s'appliquait alors, non seulement au genre oriental, mais, et par opposition aux tableaux d'histoire, à des compositions où l'ornement domine au détriment de la figure humaine, réduite à une fonction purement décorative. Le mot *Grotesques* avait, aux Gobelins, une semblable signification.

Avec LES TRIOMPHES DES DIEUX de Coypel, et LES PORTIÈRES DES DIEUX d'Audran, la Manufacture entre dans la convention absolue, qui est l'essence même des tentures.

Ici, tout est à exalter, le modèle comme le travail de l'atelier. Les peintres, après s'être rendu compte des pratiques du tapissier, des ressources dont il dispose et de l'effet que la tapisserie doit produire, avaient peint les modèles en vue de l'interprétation textile ; la richesse est réservée aux ombres, les lumières sont très étendues mais ne vont jamais jusqu'au point extrême de la gamme, les couleurs sont en nombre très restreint et, dans la même couleur, il n'y a que trois ou quatre passages, au plus pour aller du grand clair à l'obscur. Avec de pareils modèles, le travail de l'atelier était facile ; aussi, peut-on considérer ces ouvrages comme les types par excellence de la tapisserie décorative.

Puis arrivent L'ILIADE, L'ANCIEN TESTAMENT, LE NOUVEAU TESTAMENT ; ces tentures nous ramènent vers les tapisseries à personnages. Mais, à la noble tenue de Le Brun, les peintres préfèrent des attitudes dramatiques et les draperies tourmentées. Néanmoins, le travail technique reste très satisfaisant, les tapissiers sont toujours libres dans l'interprétation et nul ne songe encore à leur imposer la recherche des effets de la peinture.

L'année 1723 est mémorable dans l'histoire des Gobelins ; elle vit apparaître L'HISTOIRE DE DON QUICHOTTE, de Charles Coypel. Avec ses médaillons engagés dans des alentours d'attributs et de fleurs généreusement distribués, la tenture constitue un chef-d'œuvre d'esprit, d'élégance et de grâce : c'est bien la tapisserie de cette société dont les goûts raffinés ont donné lieu aux plus charmantes œuvres de l'art décoratif français.

L'exemple de DON QUICHOTTE n'a pas de suites immédiates ; on revient aux scènes de la Bible avec L'HISTOIRE D'ESTHER de de Troy et aux scènes de théâtre avec Coypel ; insensiblement, on s'achemine vers le tableau. Les bordures se ressentent de cette tendance, elles ne jouent plus le rôle important que Le Brun leur avait attribué ; peu à peu, elles se transforment en imitations de cadres de bois moulurés et dorés, égayés cependant encore par les *productions* de la nature.

En 1740, Desportes repeint LES INDES de Louis XIV; il en fait des modèles qui maintiennent, dans les ateliers, l'ancienne technique simple et forte.

Peu après, Oudry fournit LES CHASSES DE LOUIS XV, grandes verdures avec personnages. Le roi a commandé lui-même les modèles. Au lieu de se faire représenter à la bataille de Fontenoy, il préféra, signe du temps, se montrer dans les forêts de la Couronne avec ses courtisans et ses chiens.

Boucher entre en ligne : aux AMOURS DES DIEUX, conçus dans les dispositions de DON QUICHOTTE succèdent des scènes mythologiques d'une note bien personnelle et bien dans le goût toujours aimable de l'époque. Après Boucher, il ne reste à citer que LES COSTUMES TURCS de Vanloo et LES SAISONS de Callet, et la crise éclate.

C'est bien vers 1780 que finit aux Gobelins, comme ailleurs, le xviiie siècle en tant que période d'art

La nouvelle école de peinture prend la tête du mouvement; la grâce, la fantaisie, l'élégance, sont vaincues par une apparence de dignité sèche, froide, guindée et prétentieuse.

La Manufacture reçoit des œuvres de Vien, Vincent, Lebarbier ; à côté de ces ouvrages, dénués de tout sentiment décoratif, elle reprend parfois d'anciens modèles pour ne pas chômer. C'en est encore trop que ces reprises ; il faut bannir de la Maison le souvenir même de ce temps « où la Manufacture a produit les Don Quichotte et d'autres copies de médiocres tableaux », dit expressément Guillaumot, directeur des Gobelins. Le même fonctionnaire n'accorde qu'une faible estime aux anciennes tapisseries flamandes. Ce ne sont, à ses yeux, « que des dessins coloriés qui n'ont pas le charme des véritables tableaux »; il n'en sera plus ainsi des nouvelles productions de la Manufacture, car maintenant elle dispose d'une série « de nuances complètes formant de véritables claviers oculaires ».

Le chimiste des Gobelins, Darcet, membre de l'Académie des Sciences, est dans les mêmes idées. « Il faut, écrit-il dans un rapport sur la Manufacture, confier aux tapissiers des reproductions du Titien, Rubens, et Van Dyck; elles feront oublier le mauvais goût des mignardes productions de de Troy, Natoire et Boucher. »

La reproduction du tableau, telle est en effet, maintenant, l'unique gloire recherchée par tous, directeurs, chimistes et tapissiers.

IV

Je suis un adversaire résolu de la copie des tableaux, et si je vais essayer de montrer comment elle s'est introduite aux Gobelins, ce n'est pas certes pour l'excuser.

A aucune époque, même dans sa grande prospérité, la Manufacture n'a eu assez d'argent pour travailler exclusivement sur des modèles peints exprès pour les ateliers. Sous Le Brun déjà, la direction eut recours à des peintures dont les auteurs n'avaient pas songé à la tapisserie; on mit sur métier notamment, et malgré l'avis défavorable de Colbert, L'HISTOIRE DE MOISE, du Poussin, qui ne donna au demeurant qu'une médiocre tenture. A cette occasion, le cavalier Bernin, alors en France, fit observer fort justement que, lorsque dans un tableau il faut six demi-teintes, quatre sont très suffisantes pour un modèle de tapisserie.

Les successeurs de Le Brun imitèrent son exemple, soit de leur propre mouvement, soit par ordre.

Nous voyons souvent les directeurs et ordonnateurs généraux des Bâtiments, Jardins, Arts et Manufactures de France, le marquis de Marigny et le comte d'Angeviller, choisir des tableaux pour les Gobelins dans le cabinet du roi ou dans les salons de peinture ; mais, en administrateurs éclairés, ils prennent autant que possible les ouvrages qui leur paraissent le mieux se prêter à la tapisserie; toutefois, ils s'empressent de donner des commandes spéciales chaque fois que les crédits le permettent.

Cependant l'école française fait son évolution ; la peinture décorative est délaissée, et bientôt tous les peintres composent et peignent à peu près dans le même sentiment et avec une facture uniforme. Dès lors, il n'y a plus de raisons pour spécialiser et, par économie aussi bien que pour obtenir plus rapidement le modèle, on prend des tableaux quelconques ; on commence par les toiles des contemporains, mais bientôt on arrive aux tableaux des anciens maîtres ; en 1798, L'ENLÈVEMENT DE DÉJANIRE, d'après Le Guide, est entrepris. C'est ainsi que, successivement, sans secousses et même sans parti pris, la copie des tableaux a pris racine dans la Maison.

Ce n'est pas que le genre, une fois acclimaté, ait été approuvé par tous. En 1806, Napoléon donne un ordre précis : « Défendre aux Gobelins de faire des tableaux avec lesquels ils ne peuvent jamais rivaliser, mais faire des tentures et des meubles ». Quelques années plus tard, la Manufacture entreprend une suite montrant les hauts faits du règne. Mais, comme les toiles sont composées et peintes absolument comme des tableaux de musées, les résultats sont les mêmes : ce sont toujours des copies de tableaux.

Napoléon avait raison.

La copie des tableaux est une aberration.

D'abord, la tapisserie d'après l'œuvre d'un grand maître n'est que la copie d'une copie, le tapissier ne procédant pas d'après l'original. La copie en peinture est chose difficile ; il est rare que le peintre chargé du travail fasse complètement abstraction de son tempérament propre ; puis s'il s'agit d'un tableau ancien, devra-t-il donner les colorations primitives ou donner l'œuvre telle qu'elle se présente à sa vue, avec les inévitables altérations que les couleurs ont subies ?

A la fidélité douteuse de la copie en peinture s'ajoutent les difficultés de l'interprétation textile. Quelle que soit la quantité de teintes dont il dispose, le tapissier n'arrivera pas à réaliser les nuances infinies que le peintre peut obtenir avec ses mélanges sur la palette. Il y a plus encore : en supposant même que la chimie tinctoriale atteigne la perfection, l'effet produit par les brins de laine et de soie ne sera jamais celui de la peinture, parce que ces matières ont des qualités expressives particulières, différentes de celles des couleurs du peintre. Cette différence dans l'expression impose à l'auteur d'un modèle de tapisserie, s'il veut faire œuvre utile et raisonnée, l'obligation de se rendre compte au préalable des exigences du travail technique et des effets que donneront ses colorations lorsqu'elles seront interprétées par le tapissier. C'est à l'oubli de ces précautions élémentaires que l'on doit tant de médiocres tapisseries.

On peut pousser encore plus loin la démonstration. Si le tapissier arrivait à produire l'illusion complète de la peinture, la tapisserie n'aurait plus aucune raison d'être, car elle pourrait être remplacée par une copie peinte d'un prix infiniment moins élevé : la tapisserie L'ASSOMPTION, d'après le Titien, a coûté cent mille francs aux Gobelins !

Les partisans de la copie des tableaux ont voulu défendre cette mode en alléguant l'impérieuse nécessité de sauver de la destruction les chefs-d'œuvre de la peinture. Ce ne sont là que des raisons de sentiment, sans valeur aucune ; il suffit de comparer les tapisseries d'après Raphaël avec les peintures du maître pour voir que, toutes choses égales d'ailleurs en tant que soin et entretien, les tapisseries ont beaucoup moins résisté à l'action du temps que les peintures à l'huile et que les fresques du maître. Et si on y regarde de plus près, on constate que même pendant les quelques années qu'elle reste sur le métier, la tapisserie subit déjà des altérations appréciables dans certaines parties des colorations.

Mais alors pourquoi a-t-on continué la copie des tableaux malgré l'ordre d'un maître absolu, les difficultés de l'exécution, les dépenses excessives et la fugacité des coloris du tapissier?

Il faut chercher la cause de cette persistance dans cette singulière disposition de l'esprit qui accorde à un ouvrage d'autant plus d'estime qu'il a coûté plus de peines et qui met au premier rang des qualités d'un artiste la virtuosité, surtout lorsqu'elle arrive à donner, dans une certaine mesure, le change sur la nature des matières mises en œuvre, c'est-à-dire au trompe-l'œil.

Ces sentiments n'étaient pas nouveaux; on en trouve l'expression déjà au xvie siècle, dans la biographie de Raphaël par Vasari. A l'examen de la tenture LES ACTES DES APOTRES, Vasari écrit : « C'est un travail plutôt divin qu'humain; les eaux, les animaux, les habitations y sont représentés avec une perfection telle qu'ils paraissent peints à l'aide du pinceau et non tissés... »

Vasari admire le tour de force et à ses yeux la tapisserie est parfaite parce qu'elle donne l'illusion de la peinture.

La Manufacture persévéra longtemps dans la copie des tableaux. L'erreur stérilisa l'invention décorative et supprima la liberté d'interprétation dont les tapisseries avaient joui aux belles époques de la fabrication; elle amena l'anéantissement complet des bordures; déjà elles n'étaient plus que des imitations de moulures sculptées et dorées; bientôt elles furent réduites à des bandes plates, et enfin elles furent remplacées par des cadres de bois.

Aucune objection ne fut soulevée depuis la vaine défense de 1806, ni au dehors, ni au dedans; bien au contraire, gouvernements, artistes, public, tapissiers, tout le monde s'extasia devant les merveilleux résultats d'une production sans rivale, même dans le passé.

Ce n'est qu'en 1843 qu'apparaissent les premiers symptômes d'une salutaire réaction.

Le roi Louis-Philippe a la pensée de revêtir de tapisseries le salon de famille du château des Tuileries; au lieu de prendre des ouvrages au Garde-Meuble, il commande aux peintres Alaux et Couder les modèles d'une tenture décorative spéciale; les artistes font de leur mieux dans un art dont la tradition est perdue. Quelques anneaux de la chaîne qui étreignait nos ateliers sont enfin brisés. Bientôt s'évent des protestations autorisées.

Ce sont, d'une part, les peintres décorateurs, Dieterle, Sechan, Feuchère, membres du Conseil supérieur des Manufactures nationales institué après la Révolution de 1848; et, de l'autre, le comte de Laborde, dans son rapport sur l'Exposition de Londres de 1851, et Prosper Mérimée à la Commission des Monuments historiques, qui réclament hautement contre un genre caduc et faux et demandent le retour à la tapisserie décorative. Ils sont à peine entendus, car, jusqu'en 1870, la Manufacture ne fait exception aux copies de tableaux que pour deux tentures du Palais de l'Élysée : l'une est d'après M. Dieterle, et l'autre, plus importante, d'après MM. Baudry, Dieterle, Chabal-Dussurgey et Lambert.

Depuis la chute de l'Empire, la copie des tableaux, a été successivement abandonnée et, autant que les circonstances budgétaires l'ont permis, la Manufacture a commandé des modèles spéciaux aux peintres les plus qualifiés pour les œuvres décoratives; les choix, dont on trouvera plus loin le détail, prouvent que les Gobelins sont sans parti pris et bien de leur temps.

En 1889, la dernière copie de tableaux a été terminée.

Mais, lorsqu'une opinion est faite, il est difficile de la déraciner. Nous portons toujours le poids des anciennes coutumes, et sans cesse on nous reproche de suivre encore les errements funestes qui, pendant un siècle entier, ont accablé la Manufacture.

V

Les changements dans le style et dans la technique entraînent nécessairement des différences dans le prix de revient des tapisseries. Voici quelques-uns des prix moyens servis aux entrepreneurs chefs d'ateliers pour la main-d'œuvre, par aune carrée de France, de 1662 à 1792 :

Haute lisse.

	livres.
L'HISTOIRE DU ROI.	400 à 450
LES ACTES DES APOTRES.	200
L'HISTOIRE D'ALEXANDRE.	220
LES CHAMBRES DU VATICAN	240 à 290
L'HISTOIRE DE PSYCHÉ	330 à 380
LES INDES	240
LES PORTIÈRES DES DIEUX.	300 à 330
LE NOUVEAU TESTAMENT.	360
L'HISTOIRE DE DON QUICHOTTE	360
L'AMBASSADE TURQUE.	410
L'HISTOIRE D'ESTHER	370
L'HISTOIRE DE MARC-ANTOINE	315 à 355
L'HISTOIRE DE JASON	360
LES AMOURS DES DIEUX, de Boucher.	380

Basse lisse.

	livres.
L'HISTOIRE DU ROI.	225 à 290
L'HISTOIRE D'ALEXANDRE.	180
LES PORTIÈRES DE MARS ET DU CHAR DE TRIOMPHE.	165
LES MUSES.	102
L'HISTOIRE DE MOISE.	160
FRUCTUS BELLI.	150 à 180
LES INDES.	120
L'HISTOIRE DE SCIPION.	140
LES MOIS DE LUCAS.	150 à 160
LES PORTIÈRES DES DIEUX.	210 à 240
L'ANCIEN TESTAMENT.	220
L'HISTOIRE DE DON QUICHOTTE.	210 à 280
LES NOUVELLES INDES.	230 à 280
LES PASTORALES.	280

Les prix de L'HISTOIRE DU ROI et ceux de L'AMBASSADE TURQUE sont exceptionnels; on remarquera l'écart important des prix entre L'HISTOIRE D'ALEXANDRE, au xviie siècle, et L'HISTOIRE DE JASON de 1750; l'augmentation, dans l'espèce, résulte surtout de la minutie du travail.

Avec ces tarifs, les prix de la main-d'œuvre par tapisserie se présentaient comme il suit, en moyenne, une pièce portant l'autre de la tenture.

Haute lisse.

	livres.
L'HISTOIRE DU ROI.	12,000
LES ACTES DES APOTRES.	3,400
L'HISTOIRE D'ALEXANDRE.	5,350
LES CHAMBRES DU VATICAN.	6,600 à 8,000
L'HISTOIRE DE PSYCHÉ.	5,500 à 7,700

	livres.	
LES INDES	2,800 à	3,350
LES PORTIÈRES DES DIEUX		2,350
LE NOUVEAU TESTAMENT	8,000 à	8,500
L'HISTOIRE DE DON QUICHOTTE	3,300 à	4,500
L'AMBASSADE TURQUE		8,900
L'HISTOIRE D'ESTHER	5,400 à	7,500
L'HISTOIRE DE MARC-ANTOINE	,	4,600
L'HISTOIRE DE JASON	4,900 à	6,200
LES AMOURS DES DIEUX, de Boucher		2,150

Basse lisse.

L'HISTOIRE DU ROI	4,500 à	5,000
L'HISTOIRE D'ALEXANDRE		2,300
L'HISTOIRE DE MÉLÉAGRE		1,800
LES MUSES		1,200
L'HISTOIRE DE MOISE	2,200 à	2,300
FRUCTUS BELLI	2,200 à	2,800
L'HISTOIRE DE SCIPION		3,200
LES MOIS DE LUCAS		1,200
LES PORTIÈRES DES DIEUX	1,500 à	1,700
L'ANCIEN TESTAMENT		3,750
L'HISTOIRE DE DON QUICHOTTE[1]	2,600 à	2,800
L'HISTOIRE DE SCIPION		3,200
LES MOIS DE LUCAS		1,230
LES PORTIÈRES DES DIEUX	1,500 à	1,700
L'ANCIEN TESTAMENT	,	3,750
L'HISTOIRE DE DON QUICHOTTE[1]	2,600 à	2,800

1. Dans les dernières ventes publiques, des tapisseries de DON QUICHOTTE ont été vendues 25,000 francs pièce.

La question de la décroissance de la puissance de l'argent est des plus difficile. Selon quelques économistes, pour vivre maintenant *de la même façon* que sous Louis XIV, il faut quatre fois plus d'argent; selon d'autres, le double suffit. D'après la comparaison des salaires des Gobelins, je penche vers la seconde solution.

	livres.
LES NOUVELLES INDES.	2,800 à 4,000
LES PASTORALES.	2,900

Mais ces chiffres sont loin de représenter la dépense réelle ; ils ne comprennent pas les frais généraux d'administration, les modèles, les écoles, les secours et pensions, l'entretien du matériel et des bâtiments, et la perte sur les matières premières. Pour être dans le vrai, aussi approximatif que possible, j'estime, d'après mes calculs, qu'il convient de les augmenter de trois quarts environ ; à ce compte, L'HISTOIRE DU ROI en haute lisse est revenue en moyenne, par pièce, à 21,000 livres, et LES PASTORALES, en basse lisse, à 5,000 livres, valeurs du temps.

C'était fort cher ; mais les Gobelins ont toujours travaillé à des prix plus élevés que les autres manufactures.

Vers le milieu du XVIII° siècle, l'administration préoccupée de cette question au point de vue de la vente, fit une comparaison des prix de main-d'œuvre à l'aune carrée de France entre les divers centres de fabrication. L'enquête eut les résultats que voici :

Gobelins,	haute lisse de	. .	330 à 380 livres
Gobelins,	basse lisse de	. .	210 à 280 —
Beauvais,	—	. .	160 à 280 —
Flandres,	—	. .	110 à 180 —
Aubusson,	—	. .	30 à 100 —[1]

Ramenés au bâton de Flandres, qui était l'unité de mesure

---

[1] L'évêque de Mende avait payé, en 1706, à un fabricant d'Aubusson LA VIE DE LA VIERGE à raison de 33 livres l'aune carrée.

adoptée dans tous les ateliers, les têtes valaient aux Gobelins de 7 à 12 livres en haute lisse et 5 livres en basse lisse tandis que, dans les Flandres et à Aubusson, le bas-lissier ne touchait que 3 livres. Les paysages en haute lisse valaient, aux Gobelins, trois ou quatre fois plus cher qu'ailleurs en basse lisse. En 1778, les prix montèrent encore et les têtes furent cotées en basse lisse de 9 à 10 livres le bâton, selon les difficultés.

Sans doute, la qualité du travail des Gobelins était très supérieure ; mais cette supériorité ne suffisait pas à déterminer les acheteurs, et, comme il fallait vendre pour se procurer l'argent nécessaire aux salaires, la direction fit des rabais d'un tiers et plus sur les prix d'inventaires, dits *prix du roi*, qui déjà étaient bien au-dessous du prix de revient réel. Malgré ces réductions, les ventes ne donnaient que de médiocres résultats, moins de 200.000 livres de 1758 à 1771, car déjà le goût de la tapisserie commençait à faiblir.

Mais l'élévation des prix due à la plus grande minutie du travail et à l'augmentation du salaire, très justifiée du reste, ne tarda pas à prendre de bien autres proportions. Avec le travail aux pièces, la production, par an et par tapissier était en haute lisse en moyenne de deux mètres et demi et en basse lisse de trois mètres trois quarts. Le travail à la conscience et l'obligation de copier servilement les tableaux d'histoire firent immédiatement baisser les résultats ; ils tombèrent de plus en plus, à ce point que, sous le roi Louis-Philippe, la haute lisse ne fournit guère plus d'un demi-mètre carré par an et par personne ; de là, naturellement, une augmentation du prix de revient. Alors que, sous Louis XIV, le mètre carré des ACTES DES APOTRES était de 300 livres, tout compris, il coûta 6,000 francs sur la tenture reprise.

Depuis quelques années, la production remonte visiblement. En 1891, l'atelier de haute lisse a donné 45 mètres carrés, soit, en moyenne, un mètre et un tiers par tapissier.

Si ces fluctuations n'ont jamais fait l'objet d'un reproche de la part des gouvernements, c'est que tous, sans exception aucune, ont tenu à honneur de traiter la Maison non en établissement industriel mais comme une Manufacture d'œuvres d'art.

VI

Le travail des ateliers n'a même pas, sous Le Brun, été conduit avec méthode; le principal obstacle résidait dans la pénurie des modèles.

La lutte pour les modèles nouveaux a été et est encore permanente à la Manufacture; au XVIIIe siècle, elle a pour cause le manque d'argent; maintenant, elle tient à l'insouciance des peintres à livrer les cartons qui leur sont commandés.

Sous peine de voir déserter les ateliers, il fallait donner de l'ouvrage au personnel, et comme les modèles nouveaux manquaient — on est resté quelquefois dix ans sans en recevoir — on mettait sur métier des répliques. Si quelques-unes étaient motivées par la nécessité de remplacer les tapisseries offertes en dons, la très grande partie n'avaient pour raison d'être que d'éviter le chômage. Alors on travaillait presqu'au hasard, on n'attendait pas d'avoir terminé une tenture pour en commencer une autre d'après les mêmes modèles; on répétait deux fois telle pièce et dix fois la voisine de la même série.

Les répliques de tentures complètes n'étaient pas toujours bien raisonnées. L'HISTOIRE D'ESTHER, par exemple, a été reprise treize fois, alors que LES PORTIÈRES DES DIEUX et LES TRIOMPHES, de Coypel, ont été l'objet d'une moindre faveur; ces incomparables tentures méritaient bien la même attention que les modèles de de Troy.

Les raisons d'économie ont également obligé la Manufacture à adapter fréquemment à des tapisseries des bordures composées pour d'autres ouvrages, à interrompre des suites commencées, comme LES ARTS de Restout, qui devaient comprendre quatre pièces et qui n'en ont que deux, et à grouper en suites, des modèles que les peintres n'avaient pas exécutés en vue d'un ensemble.

La disette d'argent a fait, en certains moments, abandonner l'introduction de l'or et de la soie dans les tapisseries. Je regrette l'abandon de l'or, mais non celui de la soie, et je voudrais n'avoir jamais à employer cette matière. L'or est un élément décoratif puissant et nullement onéreux. Dans L'HISTOIRE DE MOISE, il n'y a que 36 livres de différences par aune carrée entre le prix des tapisseries avec or ou sans or. L'or, du reste, n'a jamais été aux Gobelins de l'or pur. Dans la tenture de L'HISTOIRE DU ROI, très particulièrement soignée, les fils sont en soie recouverte d'argent doré.

La soie, à mon sens, n'ajoute rien à la qualité et au prix d'une tapisserie. La laine est suffisante pour les grands clairs et les effets de lumière; elle retient mieux la couleur; la soie, à teintes égales, et dans des conditions identiques, résiste deux fois moins longtemps que la laine à l'action du temps; l'analyse des anciennes tapisseries le montre clairement. De cette force de résistance différente, résulte la rupture du rapport des valeurs, indispensable à la beauté d'une œuvre d'art.

VII

Ce n'est qu'en 1889 que les Gobelins ont été pourvus d'une marque officielle de fabrication.

Précédemment, les tapisseries portaient des noms et des emblèmes, ou n'en portaient pas; il n'y avait aucune règle. Sous le régime de l'entreprise, les noms ou les initiales étaient ceux des entrepreneurs chefs d'ateliers; on les trouve soit dans les lisières bleues, soit dans les bordures, soit dans le champ du tissu; quelquefois les noms sont accompagnés d'un G, d'une fleur de lis et d'une date.

Je reproduis ces indications (page 43). Le nom de Laurent fait défaut : je n'ai pu me le procurer.

Les noms, généralement en jaunes, étaient tissés par les ouvriers, sans modèles précis; il n'y a donc pas lieu d'attacher de l'importance aux différences dans la forme des lettres et même dans l'orthographe.

Au XVIIIe siècle, on constate dans un certain nombre de tapisseries, le nom du peintre auteur du modèle.

De notre temps, les ouvrages portent quelquefois le nom du peintre et celui de l'artiste tapissier qui a conduit la pièce.

Les emblèmes : écussons, colliers d'ordres, sphères fleurdelisées, initiales du souverain, fleur de lis, abeilles, chiffre des Gobelins, ne doivent être considérés que comme des éléments décoratifs ; ils ne figurent pas obligatoirement, et ne sont pas, du reste, exclusifs aux Gobelins, la Manufacture de Beauvais les ayant appliqués également aux tapisseries commandées par le souverain ; la lisière bleue était aussi en usage à Beauvais.

En fait, il existe des tapisseries importantes et authentiques des Gobelins qui n'ont aucun signe distinctif ; d'autre part, la présence d'un signe ne prouve pas d'une façon indiscutable que la tapisserie sorte de nos ateliers.

D'abord des entrepreneurs travaillant pour les particuliers ont signé leurs ouvrages, puis la recherche du gain a donné lieu à des pratiques frauduleuses ; des lisières et des bordures signées ont été ajoutées à des tapisseries étrangères aux Gobelins et des fausses signatures ainsi que des emblèmes dynastiques ont été introduites dans les tissus. La constatation de ces fraudes n'est pas toujours très difficile. Les praticiens suspects sont, en général, des gens ignorants, ils se trahissent par maladresse[1] ou par excès de précaution ; il est rare aussi que les fragments ajoutés soient du style de la tapisserie, du même grain et de la même laine.

---

1. Je connais une tapisserie, d'après de Troy, exécutée aux Gobelins, où le nom de l'entrepreneur a été coupé et remplacé par celui d'un tapissier de Beauvais.

La réplique d'une tapisserie, tout en étant authentique, peut présenter, avec le modèle ou la pièce primitive, quelques différences sensibles dans le dessin et les colorations. En général, les répliques sont d'autant plus exactes qu'elles se rapprochent davantage du point de départ de la tapisserie; lorsque les répliques sont voisines l'une de l'autre, elles diffèrent peu comme fabrication; lorsqu'elles sont espacées, la différence s'accentue à mesure qu'on se rapproche des temps modernes.

Depuis le milieu du siècle dernier, la tendance des Gobelins a été de compliquer la technique, de la rendre plus détaillée. Ce n'était nullement le goût des tapissiers de travailler ainsi; mais les modèles se rapprochaient de plus en plus des tableaux, et la liberté d'interprétation était de plus en plus restreinte. Insensiblement, les tapissiers changèrent de manière et arrivèrent à multiplier les couleurs et les tons, même dans les reprises d'anciens modèles que leurs prédécesseurs avaient interprétés franchement et sobrement.

Mais si déjà il y a des différences sensibles entre la technique des PORTIÈRES DES DIEUX de 1700 et de 1773, l'écart est beaucoup plus prononcé entre des pièces telles que LES ACTES DES APOTRES de Louis XIV, LES NOUVELLES INDES de Louis XV et les mêmes tentures du XIXe siècle.

Lorsque la mode funeste de la copie des tableaux a été en usage, les tapissiers se sont trouvés souvent embarrassés, la teinture étant impuissante à leur fournir les couleurs justes. Un tapissier nommé Deyrolle eut l'idée, vers 1810, de juxtaposer des brins de laine de couleurs différentes pour produire l'effet d'une couleur homogène [1]. Le système fut généralement adopté dans les ateliers et on ne manqua pas d'en tirer quelque fierté : il y avait là, en effet, pour le praticien, des problèmes permanents dont la solution flattait son amour-propre.

Mais on avait raisonné comme si toutes les couleurs présentaient à l'action du temps une égale résistance. Or, cette force est très inégale, comme il eût été facile de s'en assurer par le simple examen des anciennes tapisseries ; il est donc arrivé — ce qui était immanquable —, que l'un des deux brins restait à sa hauteur, tandis que l'autre perdait son intensité ; de là, au lieu d'une teinte homogène, des rayures diaprées de l'effet le plus désagréable. Dans les carnations notamment, on voulait obtenir le gris des ombres par une superposition de rose et de vert ; le rose s'est affaibli, le vert a persisté, de sorte qu'au lieu d'une couleur de chair on est en présence de hachures roses et vertes très distinctes.

Le système Deyrolle sera la cause de la ruine des tapisseries modernes des Gobelins. On peut en constater les effets désastreux non seulement sur des ouvrages du premier Empire et de la Restauration, mais sur quelques tapisseries terminées en 1875.

J'ai supprimé le système en 1888. Depuis cette époque, on a remis sur métier, à défaut de modèles nouveaux, des répliques de Raphaël, Le Brun, Baptiste Monnoyer, Audran

---

[1]. La juxtaposition des couleurs n'était pas une invention nouvelle ; elle se voit déjà dans les mosaïques du xvi° siècle.

et Oudry ; elles sont toutes traitées selon la technique primitive et avec l'exacte et franche coloration des œuvres originales. L'influence s'est aussitôt fait sentir sur les modèles de nos contemporains, et, maintenant, toutes nos tapisseries sont conduites selon les méthodes des xviie et xviiie siècles.

A coté du système Deyrolle, qui fournit une date de fabrication, les tapisseries et les répliques du commencement du siècle se distinguent aussi par une rudesse de tissu provenant de la médiocre qualité de la laine ; elles sont sujettes plus que les autres aux ravages des insectes, la laine ayant été mal dégraissée.

Si les Gobelins ont copié quelques tentures étrangères, les ateliers d'Aubusson, des Flandres et d'autres pays, ont parfois traité les mêmes sujets que les Gobelins. Les répliques sont, en général, d'un grain moins serré et d'un dessin moins correct ; mais ce ne sont pas là des signes absoluments distincts, car les Gobelins n'ont jamais eu un point exclusif et des couleurs spéciales.

SIGNATURES DES ENTREPRENEURS CHEFS
D'ATELIERS DE 1662 A 1792.

IANS

.JANS.

I·I·

Jans (Jean) père et fils.
Haute lisse 1662-1731.

L·CROIX·P

De La Croix.
Basse lisse 1663-1714.

LE·FEBVRE

I·L·F·

F

Le Febvre (Jean) père
Haute lisse 1663-1699

MOZYN.

MOSIN.

Mozin (J.-B.).
Basse lisse 1663-1693.

D·L·F

De La Fraye (Jean).
Basse lisse 1693-1730.

·I·SOVET·
I·SOΛEL·
·I·SOVET·

Souet.
Basse lisse 1693-1724.

LE FEBVRE·G·⚜
L·F

Le Febvre (Jean) fils.
Haute lisse 1699-1736.

·G·⚜·LE·BLOND·

·LE·BLOND·excit·

Le Blond (E.-C.).
Basse lisse 1701-1752.

L LATOVR

L.LA-TOUR.

De La Tour (L.-O.)
Haute lisse 1703-1734.

MONMERQVÉ

MONMERQUE

Monmerqué (M.).
Basse lisse 1730-1736.
Haute lisse 1736-1749.

AUDRAN. ⚜ . G.

AUDRAN.

Audran (M.) et Audran (J.)
Haute lisse 1733-1792.

COZETTE.

COZETTE. GOB·⚜·

Cozette,

cozette·

Cozette (P.-F.).
Basse lisse 1736-1749.
Haute lisse 1749-1792.

NEILSON ex

heilson.ex

Neilson.ex.

N.G.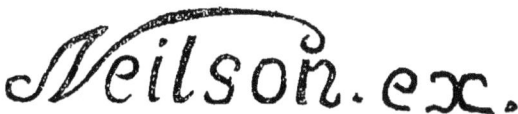

Neilson (J.).
Basse lisse 1749-1788.

Cozette fils. x.

Cozette (M.-H.).
Basse lisse 1788-1792.

GOBELINS R F

R F G

Marque de la République française à partir de 1889.

ADMINISTRATIONS ET ATELIERS

SURINTENDANTS DES BATIMENTS, ARTS ET MANUFACTURES DE FRANCE

Colbert	1662-1683
Louvois	1683-1691
Colbert de Villacerf	1691-1699
Hardouin Mansard.	1699-1708
Le duc d'Antin.	1708-1726

DIRECTEURS ET ORDONNATEURS GÉNÉRAUX DES BATIMENTS, JARDINS, ARTS, ACADÉMIES ET MANUFACTURES DE FRANCE

Le duc d'Antin. . . , ...	1726-1736
Orry.	1737-1745
Le Normand de Tournehem	1745-1751
Le marquis de Marigny	1751-1773
L'abbé Terray	1773-1774
Le comte d'Angiviller	1774-1790

MINISTÈRES ET LISTES CIVILES

Liste civile de Louis XVI.	1791-1792
Ministère de l'Intérieur.	1792-1794
Commission de l'Agriculture et des Arts	1794-1795
Ministère de l'Intérieur.	1795-1804
Liste civile de Napoléon Ier	1804-1814
Liste civile de Louis XVIII.	1814-1815
Liste civile de Napoléon Ier	1815
Liste civile de Louis XVIII.	1815-1824
Liste civile de Charles X.	1824-1830
Liste civile de Louis-Philippe	1830-1848
Ministère du Commerce et de l'Agriculture.	1848-1852
Liste civile de Napoléon III	1852-1870
Ministère du Commerce et de l'Agriculture.	1870-1871
Ministère de l'Instruction publique et des Beaux-Arts.	1871-1881
Ministère des Arts.	1881-1882
Ministère de l'Instruction publique et des Beaux-Arts.	1882

DIRECTEURS ET ADMINISTRATEURS DE LA MANUFACTURE

Le Brun, peintre	1662-1690
Mignard, peintre	1690-1695
De Cotte (Robert), architecte, contrôleur des Bâtiments du roi au département de Paris.	1699-1735
De Cotte (Jules-Robert), id.	1735-1747
D'Isle, id.	1747-1755
Soufflot, id.	1755-1781
Pierre (J.-B.), peintre	1781-1789
Guillaumot (Ch.-A.), architecte, ingénieur des carrières de Paris.	1789-1792
Audran (J.), ancien chef d'atelier.	1792-1793
Belle (A.), peintre.	1793-1795
Audran (J.) (réintégré)	1795
Guillaumot (Ch.-A.) (réintégré)	1795-1807
Chanal, chef de bureau.	1807-1810
Lemonnier (A.-Ch.-G.), peintre	1810-1816
Des Rotours, ancien officier d'artillerie	1816-1833
Lavocat (G.), député.	1833-1848
Badin (P.-A.), peintre	1848-1850
Lacordaire (A.-L.), architecte.	1850-1860
Badin (P.-A.) (réintégré).	1860-1871
Chevreul, directeur des peintures (par intérim).	1871
Darcel (A.), ingénieur civil	1871-1885
Gerspach (E.), chef de bureau des Manufactures nationales.	1885

ENTREPRENEURS CHEFS D'ATELIERS

HAUTE LISSE DE 1662 A 1792.

Jans père (Jean)	1662-1691
Laurent (Henri)	1663-1690
Le Febvre père (Jean)	1663-1699
Jans fils (Jean)[1]	1691-1731
Le Febvre fils (Jean)	1699-1736
De La Tour (Louis-Ovis)	1703-1734
Monmerqué (Mathieu)	1736-1749
Audran (Michel)	1733-1772
Cozette père (Pierre-François)	1749-1792
Audran fils (Joseph)	1772-1792

BASSE LISSE DE 1663 A 1792.

De La Croix père	1663-1714
Mozin (Jean-Baptiste)	1663-1693
De La Croix fils (Dominique)	1693-1738
Souet	1693-1724
De La Fraye (Jean)	1693-1730
Le Blond (Étienne-Claude)	1701-1752
Monmerqué (Mathieu)	1730-1736
Cozette père (Pierre-François)	1736-1749
Neilson (Jacques)	1749-1788
Cozette fils (Michel-Henri)	1788-1792

1. Avant d'être titularisé, Jans fils était associé avec son père.
Neilson fils a également été associé avec son père, mais il n'a pas été titulaire de l'atelier.

CHEFS D'ATELIERS

HAUTE LISSE DE 1792 A 1892.

Cozette père (Pierre-François)	1792-1801
Cozette fils (Michel-Henri)	1801-1817
Claude (F.)	1817-1823
Laforest père	1817-1827
Duruy (Charles)	1823-1850
Laforest fils (Louis)	1828-1861
Gilbert (Henri-Antoine)	1862-1871
Munier père (Pierre)	1871-1875
Collin (Florent-Jacques)	1875-1889
Munier fils (François)	1889

BASSE LISSE DE 1792 A 1825.

Cozette fils (Michel-Henri)	1792-1801
Ranson (Abel)	1801-1811
Vavoque	1811-1817
Rousseau	1817-1825
Deyrolle (Gilbert-Antoine)	1825

TAPISSERIES

exécutées de 1662 à 1892

LES ÉLÉMENTS

D'APRÈS LE BRUN

1. *L'Air.*
2. *La Terre.*
3. *L'Eau.*
4. *Le Feu.*

Les Gobelins ont, sous Louis XIV, exécuté les ÉLÉMENTS six fois en haute lisse et trois fois en basse lisse.

Il y a lieu de remarquer que dans la première tenture, l'*Air* est en basse lisse quoique ayant été conduit par Le Febvre.

En 1861, on a recommencé la tenture en haute lisse.

ATELIERS :

Jans, deux fois les n°s 1, 2, 4 ; trois fois le n° 3.
Le Febvre, n° 1.
Laurent, n°s 2, 4.
De La Tour, trois fois la totalité.
De La Croix et Mozin, trois fois la totalité sans qu'on puisse faire la part de chacun.

Yvart le père a peint les modèles de haute lisse.

Yvart le fils a peint l'*Air*; Audran, la *Terre*; Ballin, l'*Eau*; Van der Meulen, le *Feu*, pour la basse lisse.

Les modèles des ÉLÉMENTS ont été, sous Louis XIV, envoyés à Aubusson pour y être exécutés en tapisseries. Van der Meulen a peint l'*Air* et le *Feu*; Yvart le fils, l'*Eau*; Ballin, la *Terre*.

ENTREFENÊTRE DES ÉLÉMENTS

Les quatre tapisseries correspondantes aux sujets de la tenture ont été faites sous Louis XIV en haute lisse trois fois et en basse lisse trois fois.

ATELIERS :

Jans, trois fois les n°s 1 et 4.
Jans, deux fois les n°s 2 et 3.
Laurent, n° 2.
Le Febvre, n° 3.
De La Croix et Mozin, trois fois la totalité sans qu'on puisse faire la part de chacun.

Les modèles des Gobelins ont été peints : l'*Air*, la *Terre*, l'*Eau*, par Genoels ; le *Feu*, par Dubois.

Ceux d'Aubusson : l'*Air*, le *Feu*, par Dubois ; l'*Eau*, la *Terre*, par Genoels.

LES SAISONS
d'après Le Brun

1. *Le Printemps.*
2. *L'Été.*
3. *L'Automne.*
4. *L'Hiver.*

Les châteaux de Versailles, du Louvre, de Saint-Germain et des Tuileries sont figurés respectivement au fonds du *Printemps*, de l'*Été*, de l'*Automne* et de l'*Hiver*. Cette disposition a fait quelquefois confondre les SAISONS avec la suite des MAISONS ROYALES.

La tenture a été exécutée au xviie siècle une fois en haute lisse par Jans, n°s 1, 3; Le Febvre, n° 2; Laurent, n° 4; et deux fois en basse lisse dans l'atelier de La Croix.

En 1708, elle a été reprise par Le Blond, et en 1712 par de La Fraye, n° 1; Souet, n° 2, et de La Croix, n°s 3, 4.

Les modèles de la haute lisse ont été peints par Yvart le père; ceux de la basse lisse par Van der Meulen, n°s 1, 2; Ballin, n° 3; Audran, n° 4; Mathieu, n° 1 une seconde fois.

ENTREFENÊTRE DES SAISONS

Les tapisseries, au nombre de quatre, portaient les mêmes noms que les grandes pièces. Elles ont été faites trois fois, dont deux en basse lisse, par de La Croix, et une en haute lisse par Le Febvre, n°s 1, 2, et Jans, n°s 3, 4.

Les peintres pour la haute lisse sont Houasse, n° 1, et de Sève le cadet, n°s 3, 4, 5; pour la basse lisse, Genoels et Dubois.

L'HISTOIRE DE MÉLÉAGRE

d'après Le Brun

1. *La Chasse au sanglier.*
2. *La Hure présentée par Méléagre à Atalante.*
3. *Le Couronnement d'Atalante.*
4. *La Mère de Méléagre jetant son tison fatal au feu.*
5. *La Mort de Méléagre.*
6. *L'Entrevue de Méléagre avec Castor et Pollux.*

Les modèles de cette tenture avaient été préparés pour l'atelier de Maincy, où ils reçurent un commencement d'exécution.

Une note du temps s'exprime ainsi sur cette suite : « L'on ne sait qui a peint les tableaux, M. Valdor les avait soumis et ils lui ont été rendus. » Jean Valdor, ancien résident de l'électeur de Cologne, était calchographe du roi et en relation avec Le Brun, qui peignait des tableaux pour lui.

La tenture présente cette particularité, qu'étant en basse lisse elle a été exécutée sous Le Brun par Jans, entrepreneur de haute lisse; on peut en conclure que l'HISTOIRE DE MÉLÉAGRE est le premier ouvrage en basse lisse fait aux Gobelins, les ateliers de Mozin et de La Croix n'ayant été installés qu'après celui de Jans.

En 1823, *La Mort de Méléagre* fut remise sur métier; le tableau de Le Brun avait été racheté par la liste civile de Louis XVIII. L'année suivante, on recommença *La Chasse.*

Sous Le Brun, on a fait deux entrefenêtres pour cette suite, mais on ignore ce qu'ils représentent.

L'HISTOIRE DE CONSTANTIN

d'après Raphael et Le Brun

1. *La Vision.*
2. *Le Triomphe.*
3. *Le Mariage.*
4. *La Bataille.*
5. *Le Baptême.*
6. *La Suite du Triomphe.*
7. *L'aile droite de la bataille.*
8. *L'aile gauche de la bataille.*

Une tenture composée des cinq premières pièces avait été fabriquée à Maincy (page 13) et transportée aux Gobelins où l'on tissa cinq bordures aux armes du roi pour remplacer les bordures primitives, puis de La Croix fit en basse lisse une suite des six premiers sujets et Mozin une suite complète de huit.

Yvart peignit tous les modèles, sauf *la Vision*, qui est de Courant, et *le Baptême*, qui est de Le Febvre.

L'HISTOIRE DU ROI

d'après Le Brun

1. *Entrevue de Louis XIV, roy de France et de Navarre, et de Philippe IV, roy d'Espagne, dans l'isle des Faisans, en l'année 1660, pour la ratification de la paix et pour l'accomplissement du mariage de Sa Majesté Très Chrétienne avec Marie-Thérèse d'Autriche, infante d'Espagne.*
2. *Audience donnée par le roy Louis XIV à Fontainebleau au cardinal légat Chigi, neveu et légat a latere du pape Alexandre VII, le XXIX juillet MDCLXIV, pour la satisfaction de l'injure faite dans Rome à son ambassadeur.*
3. *Entrée du roi Louis XIV dans Dunkerque, le deuxième décembre MDCLXII, après avoir retiré cette ville des mains des Anglais.*
4. *Prise de la ville de Lille en Flandre par l'armée du roy Louis XIV, commandée par Sa Majesté en personne, en l'année 1667.*
5. *Cérémonie du mariage de Louis XIV, roy de France et de Navarre, avec la Sérénissime infante Marie-Thérèse d'Autriche, fille aînée de Philippe IV, roy d'Espagne.*
6. *Prise de Dole, capitale de la Franche-Comté, par le roy Louis XIV, commandant son armée en personne, au mois de février 1668.*
7. *Réduction de la ville de Marsal en Lorraine au premier bruit de l'approche du roy Louis XIV, en l'année MDCLXIII.*

8. *Le sacre de Louis XIV, roi de France et de Navarre, fait en l'église Nostre-Dame de Reims le VIII juin MDCLIV.*
9. *Le siège de Douai en l'année MDCLXVII, où le roy Louis XIV sortant de la tranchée, le canon tue le cheval d'un garde du corps proche de Sa Majesté.*
10. *Audience donnée par le roy Louis XIV à l'ambassadeur d'Espagne, où il déclare au nom du roy son maître qu'à l'advenir les ambassadeurs d'Espagne n'entreront plus en concurrence avec les ambassadeurs de France.*
11. *Renouvellement d'alliance entre la France et les Suisses fait dans l'église de Nostre-Dame de Paris avec les ambassadeurs des XIII cantons et de leurs alliés, le XVIII novembre MDCLXIII.*
12. *Siège de Tournay en l'année MDCLXVII, où le roy Louis XIV estant dans la tranchée, s'élève au-dessus et s'expose au feu des ennemis pour reconnoistre l'estat de la place.*
13. *Deffaite de l'armée espagnole, près le canal de Bruges, sous la conduite de Marsin, par les troupes du roy Louis XIV, en l'année MDCLXVII.*
14. *Le roy Louis XIV, visitant les manufactures des Gobelins où le sieur Colbert, le surintendant de ces bâtiments, le conduit dans tous les ateliers pour lui faire voir les divers ouvrages qui s'y font.*
15. *En MDCLXXI, le roy Louis XIV ordonne à M. de Louvois la construction de l'hôtel des Invalides.*
16. *Le Doge de Gênes vient faire soumission au Roi de la part de la République.*
17. *Le cardinal Barberini, grand aumônier de France, fait, en MDCLXVIII, les cérémonies du baptême de Mon-*

seigneur le Dauphin, tenu sur les fonds par le cardinal de Vendôme, légat a latere, au nom du pape Clément XI, et par la princesse de Conti au nom d'Henriette-Marie de France, reine d'Angleterre, à Saint-Germain-en-Laye.

La tenture fut commencée en haute lisse en 1665 et terminée en 1679.

Elle ne comprenait alors que les quatorze premiers sujets. A la même époque, on monta une seconde suite en haute lisse, mais l'*Audience du Légat*, l'*Entrée dans Dunkerque* et le *Siège de Douai* furent seuls exécutés.

Sous Le Brun, la basse lisse fit une suite complète des quatorze pièces. Les tapisseries étaient de dimensions réduites ; tandis qu'en haute lisse elles donnaient quatre-vingt-huit aunes et demie de cours, c'est-à-dire de longueur totale, sur quatre aunes et demie de haut, elles n'eurent plus en basse lisse que soixante-seize aunes sur trois aunes un quart.

En 1716, la haute lisse entreprit trois pièces complémentaires : la *Construction des Invalides*, d'après le peintre Dulin ; la *Satisfaction du Doge de Gênes*, d'après Hallé ; le *Baptême du Dauphin*, qui est de l'invention de Le Brun, mais dont le modèle a été peint par J. Christophe.

Ces trois tapisseries ne furent pas répétées.

De 1708 à 1742, les ateliers de basse lisse exécutèrent deux suites complètes et une troisième, moins deux pièces. Ils firent de plus quelques pièces de remplacement, *Le Légat*, notamment.

Cette pièce a été remise sur métier en 1890.

Indépendamment des modèles auxquels, sauf pour la *Satisfaction du Doge de Gênes,* nous avons donné comme titres les légendes tissées dans les tapisseries ; la Manufacture possédait des toiles en partie inachevées qui devaient compléter la tenture.

L'Entrée de Louis XIV et de Marie-Thérèse à Douai.
L'Établissement de l'Académie des Sciences et la fondation de l'Observatoire, par Le Brun.
Le Passage du Rhin, d'après Le Brun et Van der Meulen.
Louis XIV à Notre-Dame pour remercier Dieu de la guérison d'une grande maladie, d'après Vernansal.
La Naissance du duc de Bourgogne, d'après Dieu.
L'Audience donnée par le roi à l'ambassadeur de Perse.

Ces modèles ne furent pas traduits en tapisseries.

On a rattaché quelquefois à l'Histoire du roi une suite de cinq pièces : LES CONQUÊTES DE LOUIS XIV.

La Prise de Doesbourg.
La Sortie de Dôle.
La Prise de Besançon.
Messine secourue.
La Sortie de Gand.

Cette tenture n'a pas été tissée aux Gobelins, mais à la Manufacture de Beauvais, sous la direction de Behagle, qui avait embauché un certain nombre des tapissiers des Gobelins, après la fermeture des ateliers en 1694.

ATELIERS :

Jans, n°s 1, 2, 4, 5, 6, 7, 8, 9, 10, 12, 13, 14.

Le Febvre, n° 3.
Laurent, n° 11.

Jans le fils, n°s 2, 3.
Le Febvre, n° 9.

Mozin, n°s 1, 2, 3, 4, 5, 6, 7, 8, 9, 10, 11, 12, 13, 14.

De La Tour, n°s 15, 16, 17.

Souet, n°s 1, 3, 6, 10.
De La Croix père, n°s 7, 11, 13.
De La Fraye, n°s 4, 14.
De La Croix fils, n°s 2, 9, 12.
Le Blond, n°s 5, 8.

Le Blond, n°s 1, 2, 5, 14.
De La Croix fils, n°s 4, 6, 9, 10, 12.
De La Fraye, n° 8.
Monmerqué, n°s 3, 7, 11, 13.

Monmerqué, n° 1.
Le Blond, n°s 2, 3, 5, 7, 13, 14.
De La Croix, n°s 8, 11.
Cozette, n°s 4, 9, 12.

Les artistes qui ont peint les modèles sont :
Pour la haute lisse, Mathieu, n°s 1, 2, 3; Testelin,

nos 4, 5, 6, 7 ; Yvart le père, nos 8, 9, 17 ; de Sève le cadet, nos 10, 11,12, 13, 14.

Pour la basse lisse : De Saint-André, nos 1, 4, 5, 10, 11, 14 ; Ballin, nos 2, 3, 7, 13 ; Van der Meulen, nos 6, 9, 12 ; Bonnemer, no 8.

Les modèles furent repeints à plusieurs reprises.

ENTREFENÊTRES DE L'HISTOIRE DU ROI

1. *L'Entrevue des Rois.*
2. *L'Audience du Légat.*
3. *La Prise de Lille.*
4. *La Réduction de Marsal.*
5. *Le Siège de Tournay.*
6. *La Défaite de l'armée espagnole.*

Les entrefenêtres ont été quelquefois confondus avec les grandes pièces, à cause de la similitude des titres ; ils ont été exécutés en basse lisse de 1705 à 1713 ; plus tard, on fit trois pièces de remplacement.

ATELIERS :

Souet, nos 1, 3.
De La Croix fils, nos 2, 3, 4, 5, 6.
Monmerqué, nos 1, 4.

LES ACTES DES APOTRES

D'APRÈS RAPHAËL

1. *La Pêche miraculeuse.*
2. *Jésus-Christ donnant les clefs à saint Pierre.*
3. *Le Martyre de saint Étienne.*
4. *Élymas frappé de cécité.*
5. *Le Sacrifice de Lystre.*
6. *La Conversion de saint Paul.*
7. *La Guérison du paralytique.*
8. *Saint Paul à l'Aréopage.*
9. *La Mort d'Ananie.*
10. *Dieu le Père.*

Au XVII° siècle la tradition des Gobelins attribuait la copie des tapisseries de Raphaël au Père Luc, de l'ordre des Récollets ; c'était une erreur. Les ARRAZI du Vatican ont été copiés par les pensionnaires du roi, sous Errard, directeur de l'Académie, qui envoya les toiles en France. Les pensionnaires de Rome, de 1664 à 1673, étaient : Ch. de la Fosse, P. Mosnier, J.-B. Corneille, B. Sarrazin, F. Verdier, C. Coy, Rabou, Roudon, Bon Boullogne ; il est difficile de déterminer la part de chacun à ce travail.

Les ACTES DES APOTRES de Raphaël comprennent dix tapisseries ; la copie de l'une d'elles : *Le Tremblement de terre* ou *Saint Paul en prison*, n'a pas été faite du temps de Louis XIV, sans doute à cause de sa moindre importance par rapport aux grandes pièces. D'autre part, les inventaires de la Manufacture du xviie siècle mentionnent une pièce, *Dieu le Père*, qui certainement ne fait pas partie des ACTES et qui n'a pu être spécifiée.

Les neuf toiles d'après Raphaël ont été données en 1752 à la cathédrale de Meaux, sur la sollicitation de l'évêque de la Roche-Fontenille, premier aumônier de Madame Adélaïde, fille de Louis XV; elles y sont encore.

En 1892, les Gobelins ont fait copier à Rome le *Tremblement de terre*.

Sur les dix cartons originaux de Raphaël, trois sont perdus : le *Martyre de saint Étienne*, la *Conversion de saint Paul* et le *Tremblement de terre*; les autres sont déposés au South Kensington Museum de Londres ; ils appartiennent non à la couronne d'Angleterre, mais en propre à la reine Victoria; ils ont été achetés dans les Flandres en 1630 par les soins de Rubens pour le roi Charles Ier.

La tenture a été faite sous Le Brun par Laurent, n°s 1, 7; Le Febvre, n°s 3, 6, 10; Jans, n°s 2, 4, 5, 8, 9.

De 1832 à 1849, on a repris aux Gobelins les n°s 1, 2, 5, 7, 8, 9, d'après les toiles de Meaux.

En vue de compléter la tenture des ACTES conservée au Mobilier national, on a recommencé, en 1891, la *Conversion de saint Paul* et mis sur métier en 1892 le *Tremblement de terre*; on doit également reprendre le *Martyre de saint Étienne*.

Des dénominations différentes ont été données aux mêmes pièces des ACTES DES APOTRES, dans les nombreuses répliques flamandes, anglaises et françaises;

nous avons adopté des titres qui ne peuvent prêter à aucune équivoque.

TITRES DIVERS

La Navicelle.
La Pesche.
La Pêche miraculeuse.
La Pêche miraculeuse de saint Pierre.
Apparition de Jésus-Christ à saint Pierre.

Paissez mes brebis.
La Vocation de saint Pierre.
Apparition de Jésus aux apôtres.
La Mission de saint Pierre.
Jésus-Christ donnant les clefs à saint Pierre.
Le bon Pasteur ou saint Pierre recevant les clefs.
Jésus-Christ apparaît à ses apôtres après la résurrection et institue saint Pierre pasteur.
Saint Pierre recevant les clefs du Paradis.

La Lapidation de saint Étienne.
La Mort de saint Étienne.
Le Martyre de saint Étienne.
Le Martyre de saint André.

Élymas frappé de cécité.
La Guérison de l'aveugle.
La Guérison de l'aveugle par saint Paul.

Saint Paul aveuglant le magicien devant Sergius.
Saint Paul interrogé devant le proconsul en Asie.
La Prédication prophétique.
Saint Paul convertissant le proconsul Sergius.

Le Sacrifice du veau.
Le Sacrifice de Lystra.
Saint Paul et saint Barnabé à Lystra.
Saint Paul et saint Barnabé à Lystra pris pour des dieux et refusant un sacrifice.
Le Sacrifice de saint Paul.
Les Israélites retombant dans l'idolâtrie.
Le Sacrifice.
Saint Paul déchirant ses vêtements.

La Conversion de saint Paul.

Le Temple.
Saint Pierre et saint Jean guérissant un possédé à la porte du temple.
La Guérison des malades.
La Guérison du paralytique par saint Pierre.
Saint Pierre et saint Jean guérissant le paralytique à la porte du temple.
La Guérison du paralytique.
Jésus-Christ guérissant le paralytique.
Saint Philippe guérissant un estropié.

Saint Paul à l'Aréopage.
Saint Paul prêchant à Athènes.
Saint Paul à Éphèse.
Le Discours de saint Paul.
Saint Paul prêchant devant l'Aréopage à Athènes.
Saint Paul à Athènes.

———

L'Histoire d'Ananie.
La Punition d'Ananie et de sa femme.
La Mort d'Ananie.
La Guérison du possédé.
La Mort d'Ananie et de Saphire.

———

Le Tremblement de terre.
Saint Paul en prison.

PORTIÈRE DE MARS

d'après Le Brun

La tapisserie représente :

« *Les armes et la devise du Roy dans un portique d'architecture; à l'un des costez, Mars assis sur des trophées et Minerve de l'autre, dans une bordure d'oves et de gaudroies couleur de bronze.* »

Elle a d'abord été faite en cinq exemplaires dans l'atelier de Foucquet.

Aux Gobelins, on changea l'écusson à l'écureuil et on reproduisit la pièce une fois en haute lisse et quarante-sept fois en basse lisse jusqu'à 1703.

Quelques pièces sont de l'atelier Mozin, mais la plus grande partie sortent des ateliers de de La Croix père et fils.

Le modèle est remis sur métier de 1715 à 1724. Leblond le fait onze fois, de La Croix trois fois, de La Fraye trois fois, Souet cinq fois.

Yvart a peint la première toile ; Mathieu et Van der Meulen firent d'autres copies.

PORTIÈRE DU CHAR DE TRIOMPHE

D'APRÈS LE BRUN

La pièce montre :

« *Les armes et la devise du Roy dans un cartouche porté sur un char de triomphe environné de trophées, dans une bordure d'un guillochis qui renferme des fleurs de lis et des roses couleur de bronze.* »

Elle a d'abord été faite dans l'atelier de Foucquet.

Aux Gobelins, on change l'écusson et la bordure et on fabrique une pièce en haute lisse et quarante-six en basse lisse jusqu'en 1703.

Mozin et de La Croix père et fils n'en exécutèrent que dix environ ; le reste appartient aux ateliers Souet et de La Fraye.

En 1715 on reprend le modèle ; Leblond le reproduit deux fois, Souet sept fois, de La Fraye huit fois.

La toile primitive avait été peinte par Yvart ; Van der Meulen et Yvart le fils en firent des copies.

PORTIÈRE DES RENOMMÉES

d'après Le Brun

La pièce représente :

« *Les armes de France et de Navarre soustenues par une Renommée et une Flore, dans une bordure couleur de bronze, avec des oves et un feston de feuilles de lauriers qui règne autour.* »

Cette portière a été, jusqu'en 1701, reproduite soixante fois en basse lisse.

De La Croix père n'en fit que quelques pièces ; la presque totalité appartient aux ateliers Mozin, Souet et de La Fraye.

En 1723, Leblond reprend le modèle et le refait douze fois.

En 1890, la Manufacture a recommencé cette tapisserie pour une salle du château de Saint-Germain, avec quelques modifications dans les dimensions.

Le modèle primitif avait été peint par Yvart ; Mathieu et Yvart le fils en firent des copies.

LES MUSES

D'APRÈS LE BRUN

1. *Cupidon.*
2. *Clio.*
3. *Euterpe.*
4. *Thalie.*
5. *Melpomène.*
6. *Terpsichore.*
7. *Erato.*
8. *Polymnie.*
9. *Uranie.*
10. *Calliope.*

La tenture a été appelée aussi VERDURES AVEC LES MUSES; elle est de dix pièces, parce que l'une est consacrée à *Cupidon.*

La composition n'a pas été peinte par Le Brun comme modèle de tapisserie, mais pour la décoration de la salle des Muses, au château de Vaux.

Les tapisseries ont été faites trois fois au xviie siècle; dans la première tenture, huit pièces sont de l'atelier de basse lisse de de La Croix; *Clio* est en haute lisse par Le Febvre, et *Uranie* en haute lisse par Jans.

La seconde tenture, réduite à huit pièces par la réunion de deux Muses sur une tapisserie, est de Jans.

La troisième tenture a été refaite en dix pièces par de La Croix.

Yvart, Bonnemer et Audran ont peint les modèles.

L'HISTOIRE D'ALEXANDRE

d'après Le Brun

1. *La Bataille de Porus.*
2. *L'Aile droite de la bataille.*
3. *L'Aile gauche de la bataille.*
4. *La Bataille d'Arbelles.*
5. *L'Aile droite de la bataille.*
6. *L'Aile gauche de la bataille.*
7. *Le Passage du Granique.*
8. *L'Aile droite de la bataille.*
9. *L'Aile gauche de la bataille.*
10. *Les Princesses de Perse ou la Tente de Darius.*
11. *Le Triomphe ou l'Entrée dans Babylone.*

Le Brun, en peignant l'HISTOIRE D'ALEXANDRE, n'a pas eu en vue la reproduction en tapisseries.

La tenture a été faite au xviie siècle quatre fois en haute lisse et deux fois en basse lisse ; à la première suite étaient joints trois entrefenêtres copiés sur les bordures.

En 1694, les bureaux de la Surintendance soutinrent qu'on avait tissé aux Gobelins une cinquième suite en haute lisse ; à la Manufacture on prétendait le contraire. Il est probable que cette tenture, qui existait réellement à Versailles, avait été en partie au moins fabriquée à Maincy dans les ateliers de Foucquet.

Le Triomphe fut repris en 1819. *Les Princesses de Perse* en 1818 ; la pièce ne fut pas terminée, on la recommença en 1825.

ATELIERS :

Jans, n°s 1, 2, 3, 4, 5, 6, 10, 11.
Laurent, n°s 7, 8, 9.

———•◦•———

Le Febvre, n°s 1, 2, 3, 4, 5, 6, 7, 8, 9, 11.
Laurent, n° 10.

———•◦•———

Le Febvre, n°s 1, 2, 3, 10
Jans, n°s 4, 5, 6, 7, 8, 9, 11.

———•◦•———

Jans, n°s 1, 2, 3, 7, 8, 9, 10.
Le Febvre, n°s 4, 5, 6, 11.

———•◦•———

Mozin, n°s 1, 2, 3, 4, 5, 6, 7, 8, 9, 10, 11.

———•◦•———

Mozin, n°s 1, 2, 3, 7, 8, 9, 10, 11.
De La Croix, n°s 4, 5, 6.

Les modèles pour la haute lisse ont été peints par Houasse, n°s 1, 2, 3 ; Yvart le fils, Revel, Lichery, n°s 4, 5, 6 ; Lichery, n°s 7, 8, 9 ; Testelin, n°s 10, 11.

Bonnemer, Vernansal, Revel, Yvart le fils, ont peint les modèles pour la basse lisse.

VERDURES AVEC DES ANIMAUX

Parmi les tapisseries dont Louis XIV s'empara à Maincy (page 13), il y avait cinq pièces de Verdures qui furent transportées aux Gobelins et augmentées de deux pièces; cette suite fut inscrite sur sur les inventaires de la Manufacture : UNE TENTURE DE VERDURE AVEC DES ANIMAUX.

Il n'a pas été possible de l'identifier avec certitude; les sept pièces avaient en totalité soixante-huit aunes, douze seizièmes d'aunes de longueur sur deux aunes quatorze seizièmes de haut.

De La Croix avait conduit le travail.

LES RABESQUES A FOND DE MOSAÏQUE

La tenture a été exécutée sous Le Brun; elle était de huit pièces; deux ont été commencées par Jans père en haute lisse, et finies par son fils. Six furent exécutées en basse lisse par de La Croix.

Les modèles avaient été prêtés aux Gobelins par Valdor, calchographe du roi et ancien résident de l'Électeur de Cologne.

Les tapisseries étaient à fond de mosaïque, moitié or et moitié soie ; on appelait alors fond mosaïque un jeu régulier de petits ornements.

Les six pièces de basse lisse mesuraient treize aunes de long sur trois aunes de haut.

Ce sont les seuls renseignements que nous pouvons donner sur cette tenture qui ne peut être confondue avec d'autres suites portant le nom de Rabesques ou d'Arabesques.

LES MOIS OU LES MAISONS ROYALES

D'APRÈS LE BRUN

1. *Janvier*....... *La représentation de l'opéra dans le Louvre de Paris.*
2. *Février*....... *Un ballet dansé par le roy dans le Palais-Royal.*
3. *Mars*......... *La vue du château de Madrid; le roy à la chasse.*
4. *Avril*......... *La vue de l'ancien Versailles; une promenade du roy.*
5. *Mai*.......... *La vue de Saint-Germain; le roy à la promenade avec des dames.*
6. *Juin*.......... *La vue de Fontainebleau; le roy à la chasse.*
7. *Juillet*........ *La vue de Vincennes; une chasse du roy.*
8. *Août*........ *La vue du château de Marimont en Haynault; une chasse du roy.*
9. *Septembre*... *La vue du château de Chambord; une marche du roy.*
10. *Octobre*...... *La vue des Tuileries; une promenade du roy.*
11. *Novembre*.. *La vue du château de Blois; une marche du roy.*
12. *Décembre*... *La vue du château de Monceaux; le roy à la chasse.*

Plusieurs tentures portaient déjà le titre : LES MOIS. Pour éviter la confusion, on a donné dès l'origine à la présente suite la désignation complémentaire : LES MAISONS

ROYALES; quelquefois aussi les tapisseries sont spécifiées par le signe du zodiaque correspondant au mois.

La tenture a été exécutée au xviie siècle, deux fois en haute lisse et cinq fois en basse lisse.

ATELIERS :

Jans, n°s 1, 2, 3, 4, 6, 9, 11.
Le Febvre, n°s 5, 7, 8, 10, 12.

Jans, n°s 2, 3, 7, 8, 10, 11, 12.
Le Febvre, n°s 1, 4, 5, 6, 9.

De La Croix, n°s 1, 2, 3, 4, 5, 6, 7, 8, 9, 10, 11, 12.

De La Croix, 1, 12.
Mozin, n°s 2, 3, 4, 5, 6, 7, 8, 9, 10, 11.

De La Croix, n°s 8, 9, 12.
Mozin, n°s 1, 2, 3, 4, 5, 6, 7, 10, 11.

De La Croix, n°s 3, 9, 12.
Mozin, n°s 1, 2, 4, 5, 6, 7, 8, 10, 11.

De La Croix, n°s 1, 3, 9, 11.
Mozin, n°s 2, 4, 5, 6, 7, 8, 10, 12.

Les peintres ayant travaillé aux modèles sont :

Haute lisse : Yvart le père, la plupart des grandes figures, les tapis de pied et les rideaux ; Baptiste Monnoyer, les fleurs et les fruits ; Boels, les animaux ; Anguier et Lemire, les architectures ; Garnier, les instruments de musique ; Van der Meulen, les chasses et quelques parties des paysages; Genœls et Baudouin, les autres paysages.

Basse lisse : Bonnemer et Yvart le fils, les figures, les animaux et les tapis; Genœls, Martin et Baudouin, les paysages; Arvier, les fleurs; Martin, les chasses, et Manory les architectures.

ENTREFENÊTRES DES MOIS OU MAISONS ROYALES

1. *Madrid.*
2. *Versailles.*
3. *Saint-Germain.*
4. *Fontainebleau.*
5. *Vincennes.*
6. *Marimont.*
7. *Blois.*
8. *Vieux Saint-Germain.*

La tenture a été faite au xvii° siècle, une fois en haute lisse par Le Febvre et trois fois en basse lisse.

ATELIERS :

De La Croix, n⁰ˢ 1, 2, 4, 5, 6, 7, 8.
Mozin, n° 3.

De La Croix, n⁰ˢ 1, 2, 4, 5, 8.
Mozin, n⁰ˢ 3, 6, 7.

De La Croix, n⁰ˢ 1, 4, 8.
Mozin, n⁰ˢ 2, 3, 5, 6, 7.

Les modèles ont été pris dans la tenture principale, sauf ceux de *Vincennes* et de *Marimont*, qui sont de Van der Meulen.

L'enregistrement des ENTREFENÊTRES DES MAISONS ROYALES a donné lieu à des confusions et à des emplois doubles sur l'inventaire du Mobilier de la Couronne de Louis XIV ; il est probable qu'il faut rattacher à cette suite une tenture dont il n'y a aucune trace spéciale dans les états de fabrication et qui est inscrite à l'inventaire comme il suit :

FESTONS ET RAINSEAUX. *Une tenture de tapisserie de laine et de soye, relevée d'or, fabrique de Paris, en manufacture des Gobelins, représentant des rainseaux, oiseaux, animaux et festons de fleurs et de fruits, et dans le milieu de chaque pièce une médaille ovalle dans laquelle sont representez les Divertissements du Roy, le tout sur un fonds aurore à petits carrez d'or et soye, manière arabesque, dans une bordure d'un guillochis blanc ayant aux quatre coins quatre feuilles d'accante, contenant vingt aunes un quart de cours sur trois aunes de hault, en huit pièces.*

LES CHAMBRES DU VATICAN

D'APRÈS RAPHAËL

1. *La Bataille de Constantin contre Maxence.*
2. *L'aile droite de la bataille.*
3. *L'aile gauche de la bataille.*
4. *La Vision de Constantin.*
5. *L'École d'Athènes.*
6. *Héliodore chassé du temple.*
7. *Attila.*
8. *Le Parnasse.*
9. *L'Incendie du Bourg.*
10. *Le Miracle de la Messe.*

La tenture a été faite deux fois complètement sous Le Brun. Pendant le xviiie siècle, elle fut remise sur métier plusieurs fois de 1706 à 1790 ; quelques-unes de ces reprises donnent les dix pièces ; d'autres n'en fournirent qu'une partie.

Plusieurs pièces ont été commencées dans un atelier et terminées dans un autre.

En 1806, on reprit *Héliodore,* qui ne fut terminé qu'en 1818.

Le résumé de la fabrication donne :

La Bataille .... 7 fois.
L'aile droite .... 5 —
L'aile gauche .... 5 —

La Vision............,......	9	fois.
L'École d'Athènes........	9	—
Héliodore...................	10	—
Attila......................	6	—
Le Parnasse...............	9	—
L'Incendie..................	7	—
Le Miracle de la Messe...	5	—

ATELIERS :

Jans, n°s 1, 2, 4, 5, 6, 8, 9, 10, deux fois les n°s 3 et 7.

Le Febvre, n°s 1, 2, 4, 5, 6, 8, 9, 10.

Jans le fils, n°s 1, 4, 5, 7, 8, 9.

Le Febvre le fils, n°s 1, 4, 5, 6, 8; deux fois les n°s 2, 3, 7 et 9; trois fois le n° 10.

De La Tour, n°s 1, 4, 5, 8, 9.

Audran, n°s 1, 2, 3, 7, quatre fois le n° 4, trois fois le n° 5, cinq fois le n° 6, deux fois le n° 8.

Monmerqué, n^s 1, 7, 8.

Cozette, n° 5, deux fois les n°s 6 et 8.

Les premiers modèles ont été copiés par les pensionnaires du roi à Rome, sous la direction d'Errard; on ne peut attribuer avec certitude que le *Miracle de la Messe* à Ch. Delafosse; l'*École d'Athènes* et la *Bataille* à Bon Boullogne; le même peintre a copié la *Dispute du Saint-Sacrement* en vue spéciale des Gobelins, mais la tapisserie ne fut pas exécutée.

Au xviiie siècle, la Manufacture reçut de Rome d'autres

copies ; *Héliodore*, commencé en 1790, avait été peint par Hallé.

ENTREFENÊTRES DES CHAMBRES DU VATICAN

1. *Le Parnasse.*
2. *Côté droit du Parnasse.*
3. *Côté gauche du Parnasse.*
4. *La Bataille.*
5. *Côté droit de l'École d'Athènes.*
6. *Côté gauche de l'École d'Athènes.*
7. *L'Incendie du bourg.*
8. *La Vision.*

La tenture a été commencée en 1703.

ATELIERS :

Jans, nos 1, 2, 3, 6, 7.
Le Febvre, nos 4, 5, 8.

L'HISTOIRE DE MOÏSE

d'après Le Poussin et Le Brun

1. *Moïse exposé sur les eaux.*
2. *Moïse retiré des eaux.*
3. *Le Passage de la mer Rouge.*
4. *La Manne dans le désert.*
5. *Le Serpent d'airain.*
6. *La Verge changée en serpent.*
7. *Le Buisson ardent.*
8. *Moïse marchant sur la couronne.*
9. *Le Veau d'or.*
10. *Moïse frappant le rocher.*

La tenture a été exécutée sur des copies agrandies d'après les tableaux du Poussin, comprenant huit sujets. Le Brun compléta la suite au moyen de deux pièces : *Le Serpent d'airain* et *le Buisson ardent*.

Moïse exposé et *Moïse frappant le rocher* étaient chez le peintre Boussonnet Stella; *Moïse retiré des eaux* appartenait à M. de Richelieu ; *Moïse marchant sur la couronne* à Cotteblanche; *la Manne* avait appartenu à Foucquet.

Le projet primitif devrait comprendre, en outre *Rébecca*, *Esther* et *le Jugement de Salomon*, et prendre le titre de *Vieux Testament*.

Les Gobelins ont fabriqué sous Louis XIV, en haute lisse, deux tentures complètes et une incomplète, et en basse lisse, deux suites complètes.

Il a été fait en plus trois pièces de dimensions réduites.

ATELIERS :

Le Febvre, n°s 1, 6, 10, deux fois.
Jans, n°s 2, 3, 4, 5, 7, 8, 9, deux fois.

Jans, n°s 2, 4, 5, 10.
Le Febvre, n° 9.
De La Tour, n°s 7, 8.

Mozin, n°s 1, 2, 3, 4, 5.
De La Croix, n°s 6, 7, 8, 9, 10.

De La Fraye, n°s 1, 6.
Souet, n°s 3, 9.
De La Croix père, n°s 5, 4.
De La Croix fils, n°s 2, 10.
Le Blond, n°s 7, 8.

Les peintres des modèles sont : Stella, n° 1 ; Paillet, n° 2 ; Yvart le fils, n° 3 ; Bonnemer, n°s 4, 5, 6 ; Testelin, n° 7 ; de Sève le cadet, n°s 8, 9, 10.

LES BELLES CHASSES DE GUISE

d'après Van Orley

1. *Janvier*....... *Le Verseau.*
2. *Février*....... *Les Poissons.*
3. *Mars*......... *Le Bélier.*
4. *Avril*........ *Le Taureau.*
5. *Mai*.......... *Les Gémeaux.*
6. *Juin*......... *L'Écrevisse.*
7. *Juillet*....... *Le Lion.*
8. *Août*........ *La Vierge.*
9. *Septembre*... *La Balance.*
10. *Octobre*...... *Le Scorpion.*
11. *Novembre*.. *Le Sagittaire*
12. *Décembre*... *Le Capricorne.*

Louis XIV possédait une tenture complète de cette suite fabriquée à Bruxelles, sous le titre de CHASSES DE L'EMPEREUR MAXIMILIEN.

En 1689 les tapisseries furent copiées aux Gobelins en basse lisse sous la dénomination de TENTURE DE CHASSE AVEC LES MOIS DE L'ANNÉE.

On les recommença en 1692 ; dans les ateliers la reprise prit le nom de LES BELLES CHASSES DE GUISE, à cause d'une tente qui était la propriété de cette famille, mais sur l'inventaire de Louis XIV de 1697 les tapisseries de 1692 figurent encore avec leur titre primitif.

La tenture fut remise sur métier en 1723.

ATELIERS :

De la Croix, n°s 1, 2, 4, 8, 11.
Mozin, n°s 3, 5, 6, 7, 9, 10, 12.

De la Croix, n°s 1, 4, 5, 8, 11.
Mozin, n°s 2, 3, 6, 7, 9, 10, 12.

De la Croix, n°s 2, 5, 7, 9, 11.
Mozin, n°s 1, 3, 4, 6, 8, 10, 12.
De la Croix fit de plus une replique du n° 9.

Sur les inventaires de la Couronne, les modèles sont attribués à Albert Durer, mais Felibien, historiographe des Bâtiments du roi, les croyait de Van Orley.

ENTREFENÊTRES DES BELLES CHASSES DE GUISE

1. *Janvier.*
2. *Septembre.*
3. *Octobre.*
4. *Côté droit d'Octobre.*
5. *Novembre.*
6. *Côté gauche de Novembre.*

ATELIERS :

De la Croix, n°s 1, 4, 6.
Le Blond, n°s 2, 3, 5.

Une seconde suite d'entrefenêtres a également été exécutée en basse lisse.

LES FRUITS DE LA GUERRE

D'APRÈS JULES ROMAIN

1. *Une Prise de ville.*
2. *La Bataille.*
3. *Le Triomphe.*
4. *Le Festin.*
5. *La Petite Guerre.*
6. *L'Incendie de Troyes.*
7. *Les Contributions.*
8. *L'Empereur dans son trône.*

La tenture FRUCTUS BELLI a été copiée en basse lisse sous Le Brun, sur les tapisseries de la Couronne données au roi par Mazarin. Elles avaient été remises en cadeau au cardinal par don Luis de Haro, de la part de Philippe IV, à l'occasion du mariage de Louis XIV.

ATELIERS :

De La Croix, n⁰ˢ 1, 2, 3, 4.
Mozin, n⁰ˢ 5, 6, 7, 8.

ENTREFENÊTRES DES FRUITS DE LA GUERRE

1. *La Récompense.*
2. *L'Incendie, à gauche.*
3. *L'Incendie, à droite.*
4. *Le Festin.*
5. *La Bataille.*
6. ....

Le sujet de la sixième pièce est indéterminé. Les tapisseries ont été commencées en 1706.

ATELIERS :

De La Croix, n° 1.
De La Fraye, n°s 2, 3.
Souet, n°s 4, 5, 6.

LES RABESQUES
REPRÉSENTANT LES DOUZE MOIS DE L'ANNÉE

1. *Janvier.*
2. *Février.*
3. *Mars.*
4. *Avril.*
5. *Mai.*
6. *Juin.*
7. *Juillet.*
8. *Août.*
9. *Septembre.*
10. *Octobre.*
11. *Novembre.*
12. *Décembre.*

Ces tapisseries ont été copiées sous Le Brun, en basse lisse, sur une tenture de la Couronne, désignée comme il suit dans l'Inventaire : LES DOUZE MOIS AVEC CROTESQUES.

Une tenture de tapisseries de laines et soyes, rehaussée d'or fabrique de Bruxelles, dessin de Jules Romain, représentant, les Douze mois de l'année avec crotesques et paysages, sur un fond rouge, dans une bordure fond d'or, avec festons de fleurs et de fruits; au milieu de celle d'en hault est un escriteau qui marque le mois; dans le milieu de celle d'en bas, un camayeu couleur de bronze, soustenu de deux figures, contenant 45 aunes de cours sur 3 aunes 1/8 de hault, en 12 pièces doublées à plein de toille verte.

ATELIERS :

De La Croix, nos 5, 7, 8, 10.

Mozin, nos 1, 2, 3, 4, 6, 9, 11, 12.

L'HISTOIRE DE PSYCHÉ

d'après Jules Romain

1. *Le Festin à gauche des noces de Psyché, où sont Bacchus et Silène.*
2. *Le Festin à droite des noces de Psyché, où sont Vulcain et Mercure.*
3. *La Musique à gauche.*
4. *Les Danseuses à gauche.*
5. *Le Bain de Psyché avec l'Amour.*
6. *Le Printemps ou le Couronnement.*
7. *La Musique à droite.*
8. *Les Danseuses à droite.*

L'attribution à Jules Romain n'est pas prouvée.

Les indications à droite et à gauche dans les sujets de la *Musique* et des *Danseuses*, ont donné lieu à des confusions; on ne sait en effet si ces mots s'appliquent au mouvement des personnages ou aux places occupées par les tapisseries.

On a quelquefois confondu aussi les *Danses* de la suite des DESSINS DE RAPHAEL avec celles de l'HISTOIRE DE PSYCHÉ.

La tenture a été faite cinq fois entièrement en haute lisse; une sixième reprise partielle a eu lieu à la fin du XVIIIe siècle sur des copies de Belle (C.-L.).

Les mises sur métier ont commencé sous Le Brun, puis en 1691, 1693, 1733 et 1737. La *Musique* et les *Danseuses* étaient en exécution en 1794.

ATELIERS :

Jans, n⁰ˢ 1, 2, 3, 4.
Le Febvre, n⁰ˢ 5, 6, 7, 8.

Jans, n⁰ˢ 1, 2, 3, 4.
Le Febvre, n⁰ˢ 5, 6, 7, 8.

Le Febvre, n⁰ˢ 1, 2, 3, 4.
Jans, n⁰ˢ 5, 6, 7, 8.

Le Febvre, puis Monmerqué, n⁰ˢ 1, 3, 7, 8.
Monmerqué, n⁰ˢ 2, 4, 5, 6.

Monmerqué, n⁰ˢ 1, 2, 3, 4, 5, 6, 7, 8.

Les peintres des modèles sont : Boullogne l'aîné, n° 1 ; Houasse, n° 2 ; Corneille le jeune, n⁰ˢ 3, 4 ; Poerson, n° 5 ; Montagne, n° 6 ; Mosnier, n⁰ˢ 7, 8.

LES INDES

1. *Les Pêcheurs indiens.*
2. *Le More à cheval ou le cheval pommelé.*
3. *Le Cheval rayé.*
4. *L'Éléphant.*
5. *Le Combat d'animaux.*
6. *Le Roi porté.*
7. *Les Chasseurs.*
8. *Les Deux Taureaux.*

La tenture a été exécutée deux fois dans les ateliers de basse lisse pendant la direction de Le Brun.

De La Croix fit les nos 1, 2, 3 ; Mozin, les nos 4, 5, 6, 7, 8,

Les ateliers de haute lisse la reprennent en 1692 ; Jans monte les nos 2, 3, 4, 5, 6, 8 ; Le Febvre, les nos 1, 7.

Les mêmes ateliers et celui de La Tour la remettent sur métier en 1726 et reproduisent certaines pièces quatre fois et d'autres trois fois seulement.

Dans l'ensemble, la fabrication a donné quarante-sept tapisseries, dont une suite de dimensions réduites.

Les modèles avaient été offerts à Louis XIV par un prince d'Orange ; mais, dès le début, ils furent retouchés par Bonnemer, Houasse et Baptiste Monnoyer, Belin de Fontenay et Desportes.

En 1740, les modèles repeints par Desportes furent remis sur métier sous le titre de LES NOUVELLES INDES dont on trouvera plus loin la mention.

L'HISTOIRE DE SCIPION
d'après Jules Romain

1. *L'Armée navale.*
2. *Scipion recevant les officiers.*
3. *L'Assaut de Carthage.*
4. *Le Festin.*
5. *La Grande bataille.*
6. *Scipion sur son trône.*
7. *Scipion allant au combat.*
8. *La Conférence de Scipion et d'Annibal.*
9. *La Seconde bataille.*
10. *L'Incendie.*

La tenture a été copiée en basse lisse, sous Le Brun, sur les tapisseries de la Couronne.

ATELIERS :

Mozin, n°s 1, 2, 3, 4, 5, 6.
De La Croix, n°s 7, 8, 9, 10.

ENTREFENÊTRES DE L'HISTOIRE DE SCIPION

1. *La Conférence (côté droit).*
2. *La Conférence (côté gauche).*
3. *Le Festin.*
4. *L'Incendie (côté droit).*
5. *L'Incendie (côté gauche).*
6. *La Seconde bataille.*

La tenture a été commencée en 1706 en basse lisse.

ATELIERS :

De La Croix père, n°s 1, 2, 3, 4.
Le Blond, n°s 5, 6.

LES MOIS DE LUCAS

1. Janvier......   Le Repas.
2. Février......   Les Joueurs de cartes.
3. Mars.........   Le Jardinage et la Pêche.
4. Avril.......   La Musique.
5. Mai..........   Les Tireurs d'arc.
6. Juin..........   La Tonte du mouton.
7. Juillet........   La Chasse à l'oiseau.
8. Août........   La Paie après la moisson.
9. Septembre...   La Chasse au cerf.
10. Octobre......   La Vendange.
11. Novembre..   Les Semailles.
12. Décembre...   Le Printemps.

La tenture a d'abord été fabriquée d'après les tapisseries de la Couronne données au roi par Mazarin, qui les avait reçues en cadeau de Philippe VI à l'occasion du traité des Pyrénées en 1659, puis Bon Boullogne et d'autres peintres copièrent ces tapisseries et les toiles servirent de modèles.

La composition est attribuée à Lucas de Leyde.

On a tissé aux Gobelins, sous Le Brun, une suite en basse lisse; de La Croix fit les n°s 1, 3, 4, 6, 9; Mozin, les n°s 2, 5, 7, 8, 10, 11, 12.

En 1712, on reprit le travail dans l'atelier Souet, avec une allonge pour *Novembre*.

En 1733, Audran remit sur les métiers de haute lisse une tenture complète; en 1738, Monmerqué commença une quatrième tenture restée incomplète; il fit les n°s 1, 2, 3, 6; les n°s 5, 11, 12 furent terminés par Cozette.

LA GALERIE DE SAINT-CLOUD

d'après Mignard

1. *Le Printemps.*
2. *L'Été.*
3. *L'Automne.*
4. *L'Hiver.*
5. *Latonne.*
6. *Le Parnasse.*

La tenture a été exécutée deux fois en haute lisse et quatre fois en basse lisse; les trois premières sont du xviie siècle. La dernière reprise date de 1738.

ateliers :

Jans, n°s 1, 2, 3, 4, 5, 6.

Jans, n°s 1, 3, 4, 5.
Le Febvre, n°s 2, 6.

Mozin, n°s 1, 2, 4.
De La Croix, n°s 3, 5, 6.

Souet, n° 1.
De La Croix, n°s 2, 3.
Le Blond, n°s 4, 6.
De La Fraye, n° 5.

De La Croix fils, n⁰ˢ 1, 5.
Le Blond, n⁰ˢ 3, 4.
Cozette, n⁰ˢ 2, 6.

Le Blond, n⁰ˢ 1, 3, 4.
Cozette, n⁰ˢ 2, 5, 6.

On a fait, en plus, trois pièces isolées : le n° 3 par de La Fraye ; les n⁰ˢ 2, 6 par Monmerqué.

Les peintres qui ont copié les modèles sont : Baptiste Monnoyer, n° 1 ; Simon Dequoy, n⁰ˢ 2, 4 ; Remodon, n⁰ˢ 3, 5 ; Bourguignon, n° 6.

LES ENFANTS JARDINIERS

d'après Le Brun

1. *Le Printemps, grande pièce.*
2. *Le Printemps, petite pièce.*
3. *L'Été.*
4. *L'Hiver.*
5. *L'Automne, grande pièce.*
6. *L'Automne, petite pièce.*

Les peintures de Le Brun n'avaient pas été conçues en vue de la tapisserie; elles formaient la décoration du pavillon de l'Aurore dans le parc de Sceaux.

On a donné aussi à cette tenture le nom : ENFANTS TRAVAILLANT A L'AGRICULTURE; l'exécution en tapisserie a eu lieu sous Louis XIV, après la mort de Le Brun, trois fois en basse lisse.

ATELIERS :

De La Croix père, n°s 1, 2, 3.
De La Fraye, n° 4.
De La Croix fils, n°s 5, 6.

———

Souet, n°s 1, 3.
Le Blond, n° 2.
De La Fraye, n° 5.

Souet, n°s 1, 4.
De La Fraye, n°s 2, 5.
De La Croix, n° 3.
X....., n° 6.

Les modèles ont été peints par de Sève le cadet, Bonnemer et Houasse. D'autres copies ont été faites par Mathieu, Belin de Fontenay fils, Chastelain, Audran et Desportes.

TENTURE DES DESSINS DE RAPHAËL

1. *Le Mariage de Roxane et d'Alexandre.*
2. *Le Mariage de Psyché et de l'Amour.*
3. *Le Jugement de Pâris.*
4. *Vénus et Adonis.*
5. *Danse de Nymphes et de Satyres (à droite).*
6. *Enlèvement d'Hélène.*
7. *Vénus et l'Amour sur un char.*
8. *Danse de Nymphes et de Satyres (à gauche).*

L'attribution à Raphaël n'est justifiée que pour le *Mariage de Roxane*, le *Mariage de Psyché*, *Vénus et Adonis* et l'*Enlèvement d'Hélène*; les autres compositions sont d'auteurs inconnus.

La tenture a été faite trois fois en haute lisse sous Louis XIV. Il y a eu plus tard quelques reprises de pièces isolées. La *Danse à droite*, par exemple, a été exécutée par Monmerqué.

Dans les ateliers et sur les inventaires on a confondu parfois les *Danses* des dessins de Raphaël avec les *Danseuses* de l'HISTOIRE DE PSYCHÉ (p. 95); il y a eu également des confusions dans les attributions à Jans et à Le Febvre de certaines pièces de la deuxième et de la troisième reprise.

ATELIERS :

Jans, nos 1, 2, 3, 4, 5.
Le Febvre, nos 6, 7, 8.

Jans, n⁰ˢ 1, 2, 6, 7, 8.
Le Febvre, n⁰ˢ 3, 4, 5.

———•◆•———

Jans, n⁰ˢ 3, 4, 5, 6, 7, 8.
Le Febvre, n⁰ˢ 1, 2.

Les peintres qui ont peint les modèles sont : N. Coypel, n° 1; Boullogne le jeune, n° 2; Corneille, n° 3; de Sève le cadet, n° 4 ; Alexandre Ubeleski, n⁰ˢ 5, 8; Verdier, n° 6 ; Bonnemer, n° 7.

APOLLON

d'après Coypel (Noel)

Cette tapisserie a été exécutée en 1697 par de La Croix.

Elle était accompagnée d'une petite pièce destinée à garnir un plafond et de deux sujets, le *Printemps et l'Été* et l'*Automne et l'Hiver*.

APOLLON a été repris en 1862.

LES PORTIÈRES DES DIEUX

D'APRÈS AUDRAN (CLAUDE)

1. *Vénus*...... *Le Printemps.*
2. *Saturne*..... *L'Hiver.*
3. *Bacchus*..... *L'Automne.*
4. *Junon*........ *L'Air.*
5. *Cérès*........ *L'Été.*
6. *Jupiter*....... *Le Feu.*
7. *Diane*........ *La Terre.*
8. *Neptune*.... *L'Eau.*

La tenture a d'abord été désignée NOUVELLES PORTIÈRES DE RABESQUES DES DIEUX et PORTIÈRES DES SAISONS; on la nomme aussi LES DIEUX DE LA FABLE. Nous lui avons laissé la dénomination des états de fabrication.

Les différentes mises sur métier ont eu lieu comme il suit :

        1700. Basse lisse.
        1701. Haute lisse.
        1722. Haute lisse.
        1723. Haute lisse.
        1725. Basse lisse.
        1734. Basse lisse.
        1741. Basse lisse.
        1773. Basse lisse.

La reprise en 1773 a continué jusqu'à la Révolution.

En 1889, on a recommencé *Junon*.

Les reprises ont fourni des résultats très différents ; les unes n'ont donné qu'une seule tenture alors que celle de 1741, par exemple, a produit onze tentures complètes, plus vingt pièces isolées.

Les ateliers n'attendaient pas d'avoir terminé une suite pour en entreprendre une autre, et souvent le même modèle était en œuvre simultanément sur plusieurs métiers.

Nous estimons à deux cent dix le nombre de pièces fabriquées.

Les fonds ont varié : le fond jaune avec contre-fonds d'autres couleurs est le plus fréquent, il a été fait en haute et basse lisse ; le fond d'or complet est le plus rare, il a été réservé à la haute lisse ; le fond cramoisi avec contre-fonds d'autres couleurs n'est sorti que des ateliers de basse lisse.

Les sujets ont été traités en nombres inégaux. *Bacchus* a été reproduit trente-cinq fois, tandis que *Diane* ne l'a été que dix-sept fois.

A l'exception des ateliers Souet, Audran (Michel), Audran (Joseph), tous les autres ayant fonctionné de 1700 jusqu'à la Révolution, ont travaillé sur la tenture.

Les modèles d'Audran ont été repeints par le même artiste et par d'autres, notamment par Tessier et Perrault.

Boullogne le jeune a collaboré avec Audran pour les figures.

LES TRIOMPHES DES DIEUX

D'APRÈS COYPEL (NOEL)

1. *Le Triomphe de Bacchus.*
2. *Le Triomphe de la Religion.*
3. *Le Triomphe d'Apollon.*
4. *Le Triomphe d'Hercule.*
5. *Le Triomphe de Minerve.*
6. *Le Triomphe de Vénus.*
7. *Le Triomphe de Mars.*
8. *Le Triomphe de la Philosophie.*

Les plus anciens documents des Gobelins donnent à cette tenture le titre RABESQUES, d'après Raphaël.

En 1690, le nom de Coypel le père figure, mais seulement comme peintre des modèles d'après Raphaël.

Il est hors de doute que les compositions ont été arbitrairement attribuées à ce maître.

La Couronne possédait des tapisseries de Bruxelles dont les modèles ont été sans preuves attribués à Mantégna; elles servirent de point de départ à Coypel.

De la suite flamande, le Mobilier national conserve encore *Vénus, Minerve* et *Bacchus.*

La tenture a d'abord été exécutée en haute lisse au XVIIe siècle ; elle a été reprise en haute lisse en 1701, 1702, 1704, et en basse lisse en 1701 et 1704. En 1723, on fit des entrefenêtres et en 1725 des allonges.

ATELIERS :

Jans, nos 1, 2, 3, 4, 5, 6, 7, 8.

Jans, nos 1, 2, 3, 4, 5, 6, 7.
Le Febvre, n° 8.

Jans, nos 1, 2, 3, 7, 8.
Le Febvre, nos 4, 5, 6.

Jans, nos 4, 5, 6, 7, 8.
Le Febvre, nos 1, 2, 3.

Jans, nos 2, 3, 4, 5, 6.
Le Febvre, nos 1, 7, 8.

De La Fraye, nos 1, 2.
Le Blond, nos 3, 8.
Souet, n° 4.
De La Croix, nos 5, 6, 7.

Le Blond, nos 1, 8.
De La Croix fils, nos 2, 4, 5, 7.
Souet, n° 3.
De La Fraye, n° 6.

ENTREFENÊTRES DES TRIOMPHES DES DIEUX

    1. *L'Été.*
    2. *L'Hiver.*
    3. *Le Printemps.*
    4. *Bacchus.*
    5. *Mars.*

ATELIERS :

Le Febvre, n°s 1, 2.
Jans, n°s 3, 4, 5.

ALLONGES DES TRIOMPHES DES DIEUX

    1. *La Religion...* 1re *allonge.*
    2. *La Religion...* 2e *allonge.*
    3. *Hercule........* 1re *allonge.*
    4. *Hercule........* 2e *allonge.*

ATELIERS :

Jans, n°s 1, 2.
Le Febvre, n°s 3, 4.

PORTIÈRES A PILASTRES

d'après Audran (Claude)

1. *Janvier...... Février....... Mars.*
2. *Avril....... Mai.......... Juin.*
3. *Juillet...... Août.......... Septembre.*
4. *Octobre.... Novembre... Décembre.*

Chaque tapisserie comprend trois mois représentés par des Dieux; mais on a quelquefois réuni deux pièces en une seule.

La tenture a été également nommée : TENTURE DES DOUZE BANDES et MOIS GROTESQUES A BANDES.

Le nombre de répliques n'a pu être exactement déterminé; il est certain cependant que la tenture a été exécutée trois fois au moins, les modèles ayant été mis sur les métiers de basse lisse par de La Croix père, Souet, de la Croix fils et Le Blond en 1702, 1703 et 1709.

TERMES

d'après Le Brun

Ce type servait à garnir les trumeaux étroits et les vides entre les tapisseries; quelquefois il a fait fonction de bordures montantes.

Les TERMES étaient simples ou doubles.

Avant 1704 on n'en trouve ni en fabrication ni dans les inventaires.

De 1704 à 1712, les ateliers donnent :

> De La Croix père, douze pièces doubles.
> Souet, douze pièces doubles.
> De La Croix père, deux pièces simples.
> De La Croix fils, dix pièces simples.
> De La Fraye, six pièces simples.
> Le Blond, six pièces simples.

L'ILIADE

D'APRÈS COYPEL (ANTOINE)

1. *La Dispute d'Agamemnon et d'Achille.*
2. *Andromaque.*
3. *Le Départ d'Achille.*
4. *Didon et Énée.*
5. *Le Sacrifice d'Iphigénie.*

La tenture a été commencée en haute lisse en 1708 sans *Iphigénie*. Ce modèle n'a été fourni qu'en 1730, ce qui permet de supposer qu'il n'est pas d'Antoine Coypel, mort en 1722, mais de son fils Charles.

Une reprise de la tenture a été mise sur métier en 1721.

ATELIERS :

Le Febvre, nos 1, 2, 3, 5.
Jans, n° 4.

Jans, nos 1, 2, 3.
Le Febvre, n° 4.
Audran, n° 5.

L'ANCIEN TESTAMENT

d'après Coypel (Antoine)

1. *Athalie.*
2. *Jephté.*
3. *Suzanne.*
4. *Le Jugement de Salomon.*
5. *Tobie.*
6. *Laban.*
7. *Esther.*
8. *La Reconnaissance de Joseph.*

La tenture a été entreprise en 1711 par Jans le fils. En 1715, elle fut remise sur métier dans le même atelier, sauf pour le n° 8 qui a été conduit par Le Fèvre.

Neilson reprit les modèles en 1751, 1756, 1771 et 1781. Aucune des suites de cet atelier n'est complète. *Jephté* disparaît dès 1752, *Athalie* en 1759 et *Salomon* en 1771. Au résumé, Neilson ne fournit que 21 pièces au lieu de 32, chiffre de quatre tentures complètes.

Salomon est remonté par Cozette en 1789; *Joseph* est remis en basse lisse en 1819 et reste inachevé en 1825.

Le modèle *La Reconnaissance de Joseph* a été déposé aux Gobelins beaucoup plus tard que les autres; le sujet ne figurait pas parmi les petites toiles envoyées par Coypel (Antoine) en 1705 à l'exposition de l'Académie de peinture de la Grande galerie du Louvre.

On peut supposer que ce modèle est de Coypel (Charles.)

LE NOUVEAU TESTAMENT

d'après Le Mutien, J. Jouvenet et Restout

1. *La Madeleine chez le Pharisien.*
2. *La Pêche miraculeuse.*
3. *La Résurrection de Lazare.*
4. *Le Seigneur chassant les vendeurs du Temple.*
5. *La Pécheresse aux pieds du Seigneur.*
6. *Le Lavement des pieds.*
7. *La Cène.*
8. *La Guérison des malades.*
9. *Le Baptême du Seigneur.*

Les modèles n'ont pas été conçus d'ensemble; le n° 6 est une copie par Van Loo du tableau de Muziano de Brescia, dit Le Mutien; les n°s 1, 2, 3, 4, 5 sont de J. Jouvenet; le n° 7 a été commencé par Jouvenet et terminé par son gendre Restout; les n°s 8, 9 sont de Restout. Le *Baptême du Seigneur* n'a été ajouté qu'après 1736, alors que la mise sur les métiers de haute lisse des premières tapisseries a eu lieu en 1712.

La fabrication a été entreprise dans l'atelier de Le Febvre fils; il a fait les deux premières tentures, sauf le n° 9 qui a été exécuté par Monmerqué et par Audran; Le Febvre a également commencé une troisième suite.

En 1758, Cozette et Audran reprennent les modèles, le n° 5 excepté; puis, en 1772, Audran fils les reprend à nouveau, mais en partie seulement.

Selon les états des ateliers, la fabrication a donné :

N° 1......... 5 fois.
N° 2......... 5 —
N° 3......... 4 —
N° 4......... 4 —
N° 5......... 2 —
N° 6......... 5 —
N° 7......... 3 —
N° 8......... 3 —
N° 9......... 4 —

Ces nombres ne sont pas rigoureusement exacts, car, à partir de 1781, les sujets ne sont plus spécifiés et les états portent seulement : LE NOUVEAU TESTAMENT ; il est certain cependant que la fabrication n'a pas été poussée beaucoup plus loin.

LES MÉTAMORPHOSES

1. *Apollon et le serpent Python*, d'après Bertin.
2. *Renaud et Armide*, d'après Boullogne le jeune.
3. *Apollon et Hyacinthe*.
4. *Mercure et Argus*, d'après Bertin.
5. *Le Retour des chasses de Diane*, d'après Delafosse.
6. *Narcisse et la nymphe Écho*.
7. *Flore et Zéphir*.

Les compositions n'ont été conçues ni d'ensemble ni pour servir aux Gobelins.

Dans les inventaires des modèles se trouvent d'autres toiles cataloguées sous le titre LES MÉTAMORPHOSES, mais elles ne font pas partie de la présente suites de tapisserie.

La tenture a été commencée en basse lisse en 1714.

ATELIERS :

De La Fraye, n°s 1, 4, 5.
Souet, n°s 2, 3.
Le Blond, n°s 6, 7.

Les peintres des modèles sont : Bonnart, paysages n°s 1 et 4; Yvart le fils, Chastelain et Belin de Fontenay, n° 2; Cheureuille (?) et Bonnart, n° 5. Mathieu, Dequoy et de Chavannes ont également travaillé sur les toiles.

LES CHANCELLERIES

Les CHANCELLERIES étaient des tapisseries que le roi donnait au Palais-de-Justice de Paris et aux chanceliers et gardes des sceaux.

L'usage était ancien. En 1536, François Ier commanda des tapisseries semées de fleurs de lys pour le chancelier Antoine du Bourg.

La Manufacture royale de Beauvais exécutait des Chancelleries en 1686.

En 1715, la fabrication fut introduite dans les ateliers de basse lisse des Gobelins; elle continua jusqu'en 1778, sauf une interruption de 1725 à 1759.

En 1722, on exécuta une tenture pour la Grand'Chambre du Parlement de Paris.

Les CHANCELLERIES étaient généralement composées de six pièces de dimensions différentes, selon les panneaux qu'elles devaient décorer. Le centre du fond fleurdelysé était occupé par les armes de France entourées de figures allégoriques et d'attributs, développés selon l'importance de la tapisserie. Dans les bordures étaient tissées les armoiries des destinataires :

Voisin, Pontchartrain, Daguesseau, D'Argenson, Chauvelin, d'Armenonville, Lamoignon, Machault d'Arnouville, de Maupeou.

Les tapisseries sont sorties des ateliers de La Croix fils, Souet, de La Fraye, Le Blond, Neilson.

Les peintres de modèles ont été Audran, Vernansal, Restout, Belle (C.-L.).

DAIS

D'APRÈS AUDRAN (CLAUDE)

Fond.
Pentes.
Queue.

Le dais, composé de huit pièces, a été fait deux fois en haute lisse dans les ateliers Jans et Le Febvre; il a été commencé en 1715.

L'Espagnolette[1].

Cette tapisserie a été faite en 1717 par Jans fils; elle était ornée d'une bordure et d'une glace.

Ce sont les seuls détails sur cet ouvrage.

Tête du Christ.

Ce morceau a été exécuté vers 1717 en haute lisse.

---

1. Les titres des tentures ont été imprimés en MAJUSCULES; ceux des pièces composant la suite et des tapisseries isolées ont été mis en *italiques*.

L'HISTOIRE DE DON QUICHOTTE

D'APRÈS COYPEL (CHARLES)

1. *Entrée de Sancho dans l'île de Barataria.*
2. *Don Quichotte trompé par Sancho prend une paysanne pour sa Dulcinée.*
3. *Don Quichotte et Sancho montés sur un cheval de bois s'imaginent traverser les airs pour aller venger la Doloride.*
4. *Don Quichotte est servi par les demoiselles de la Duchesse.*
5. *Le Repas de Sancho dans l'île de Barataria.*
6. *Le Bachelier Sanson Carasco, sous le nom de chevalier des Miroirs, vaincu par Don Quichotte, qui lui ordonne d'aller se jeter aux pieds de Dulcinée.*
7. *La Poltronnerie de Sancho à la chasse.*
8. *Sancho s'éveille et se désespère de ne plus trouver son cher grison, que Ginès de Parsamont lui enlève.*
9. *Mémorable jugement de Sancho.*
10. *Don Quichotte étant à Barcelone danse au bal que lui donne Don Antonio.*
11. *Don Quichotte consulte la tête enchantée.*
12. *La Dorothée déguisée en berger est trouvée dans les montagnes par le barbier et le curé, qui cherchaient Don Quichotte.*
13. *Les Noces de Gamache : entrée des Bergers.*
14. *Les Noces de Gamache : entrée de l'Amour et de la Richesse.*

15. *Don Quichotte protège Bazile, qui épouse Quitterie par une ruse d'amour.*
16. *La Dame Rodrigue, s'entretenant de nuit avec Don Quichotte, est surprise par les demoiselles de la Duchesse.*
17. *Don Quichotte endormi croit combattre des géants et perce des outres de vin.*
18. *La Doloride prie Don Quichotte de la venger de l'enchanteur.*
19. *Don Quichotte fait demander par Sancho à la Duchesse la permission de la voir.*
20. *Don Quichotte prenant des marionnettes pour des Maures, croit en les combattant secourir des amants fugitifs.*
21. *Don Quichotte chez les filles de l'hôtellerie.*
22. *Don Quichotte conduit par la Folie, embrasé d'amour extravagant pour Dulcinée.*
23. *Don Quichotte guérit de la Folie par la Sagesse.*
24. *Don Quichotte prend le bassin du barbier pour l'armet de Membrin.*
25. *Le Départ de Sancho pour l'île de Barataria.*
26. *Don Quichotte attaché à la fenêtre de l'hôtellerie par la malice de Maritorne.*
27. *Don Quichotte fait chevalier par l'hôte de l'hôtellerie.*
28. *La fausse princesse de Miromicon vient prier Don Quichotte de la remettre sur le trône.*

Les titres des vingt-huit pièces ont été relevés sur les légendes des tapisseries et sur les inventaires des modèles.

A aucune époque la tenture entière n'a été réunie. En 1870, le garde-meuble possédait soit dans ses magasins de

Paris, soit dans les châteaux, trente-huit tapisseries composant vingt-un sujets différents (une de ces tapisseries était à deux sujets). C'est le chiffre le plus élevé qui ait été atteint sur un inventaire de l'État.

A une toile près, la Manufacture a possédé vers 1775 tous les modèles qui ont été exécutés en tapisserie; ils étaient au nombre de vingt-sept, tous avec des sujets différents; la toile qui manquait a trait au Bachelier Sanson Carasco; elle avait été cependant incontestablement traduite en tapisserie dans l'atelier de Le Febvre, de 1723 à 1726.

Dans les ateliers aussi bien que sur les inventaires anciens et modernes, on a donné quelquefois des noms différents à un même sujet; il semble aussi qu'il y ait eu aux Gobelins des modèles qui n'ont pas été exécutés ; de là des erreurs dans le nombre des tapisseries et des confusions dans les sujets.

La tapisserie n° 2 a été nommée : *La Fausse Dulcinée;* le n° 3, *le Chevillard;* le n° 8, *Sancho monté sur le bât;* le n° 9, *le Jugement de la Canne;* le n° 14, *Don Quichotte au château de la Prudence;* le n° 19, *la Princesse à la chasse;* le n° 22, *Don Quichotte combat les moulins à vent.*

D'autre part, il est des titres de modèles que nous n'avons pu appliquer à aucune des tapisseries exécutées.

Il y a aussi des changements dans le texte des légendes d'un même sujet; la tapisserie n° 5, par exemple, porte en légende : *Le repas de Sancho dans l'île de Barataria*, ou *Sancho à table dans l'île de Barataria se met en colère contre son médecin;* mais ces modifications ne peuvent donner lieu à équivoques.

En résumé, nous avons constaté d'une façon irréfutable la fabrication de vingt-huit sujets différents, et, sauf pour deux sujets exécutés avant 1736, les n°s 13 et 15, nous avons trouvé les noms des ateliers.

La fabrication n'a pas été dirigée avec méthode; elle a commencé en 1723 une commande donnée par le duc d'Antin, directeur et ordonnateur général des Bâtiments, Jardins, Arts et Manufactures, pour son usage personnel; sept pièces étaient terminées en 1725; elles furent rachetées au duc pour le compte de Louis XV. Dès lors et jusqu'en 1794, la tenture resta sur métier, sauf une courte interruption de six années.

La production a donné cent soixante-quinze tapisseries, dont une quinzaine seulement en basse lisse; si le chiffre de cent soixante-quinze a été dépassé, ce qui nous paraît peu probable, il ne l'a été que de quelques pièces qu'on ne peut spécifier, car les derniers états de fabrication ne portent plus que la mention HISTOIRE DE DON QUICHOTTE, sans autres détails.

Les sujets ont été traités en quantités très variables; les uns n'ont été faits qu'à un seul exemplaire; les autres ont été repris de deux à quinze fois.

Les scènes représentées par Coypel dans un cadre à moulures sont engagées dans des alentours variés, mais résultant d'un même parti décoratif. Le cadre, posé sur console, s'enlève sur un fond décoré, ainsi que le support et les moulures, avec une richesse et une abondance proportionnées à la dimension et à l'importance de la tapisserie.

Dans le premier de ces alentours, la console est accompagnée de trophées d'armes et d'armures, de drapeaux et de fleurs; le cadre est surmonté d'un médaillon à tête de guerrier casqué, rattaché à la bordure extérieure par des guirlandes de fleurs d'où pendent des attributs guerriers dans des chutes de fleurs. Le fond est un petit guillochis jaune sur clair. Cet alentour paraît avoir été abandonné vers 1736 et n'avoir servi qu'à une vingtaine de pièces.

Le second alentour est beaucoup plus simple; le cadre est toujours appuyé sur une console fleurie, mais les attributs guerriers ont disparu et en chef le médaillon a été remplacé par le paon triomphal. Des fleurs ornent le cadre et vont en guirlandes rejoindre la bordure; selon les dimensions de la tapisserie, les guirlandes sont plus ou moins fournies; dans quelques pièces même elles sont remplacées par de légers ornements. Le fond, limité par un listel rouge, est du genre nommé alors mosaïque; il est composé de petits ornements réguliers jaune sur clair. En général, la console représente un bouclier avec un guerrier en action de marche; dans quelques tapisseries, le bouclier fait place à un cartouche bleu fleurdelysé.

En 1753, Le Maire le cadet, aidé du peintre de fleurs Bolkamp, compose un troisième alentour; il prend ses éléments dans les deux premiers et aux drapeaux, armures et fleurs, il ajoute des enfants et des animaux. Il peint également des rallonges avec des médaillons à têtes casquées et des singes la lance à la main; ces pièces permettent d'augmenter, à la demande, les dimensions des tapisseries.

Les compositions de Le Maire n'excluent pas le précédent modèle et les ateliers travaillent simultanément sur les deux types.

Jusque vers 1764 les dispositions de Le Maire s'appliquèrent sur l'ancien fond jaune mosaïque; à partir de cette époque, on les trouve, en même temps que sur le fond mosaïque, sur un fond damassé à feuilles conventionnelles, cramoisi ton sur ton; vers 1778 apparaît, en même dessin que le cramoisi, un fond damassé jaune, ton sur ton, mais le dernier type est peu employé.

Quelques sujets de Coypel ont été exceptionnellement engagés dans des alentours qui diffèrent des précédents, surtout par la suppression de certains accessoires.

Avec un travail aussi suivi, les modèles s'usaient vite; ils ont été modifiés, retouchés et repeints plusieurs fois, notamment par Tessier, Lenfant et Valade.

ATELIERS :

Jans, n°s 1, 2, 3, 9, 16, 17.
Le Febvre, n°s 4, 5, 6, 7, 8, 10, 11, 12, 14.
Audran, n°s 1, 2, 3, 4, 5, 8, 9, 10, 11, 12, 19, 20, 21, 22, 23, 24, 25, 26, 27.
Cozette, n°s 1, 2, 3, 4, 5, 7, 8, 9, 10, 11, 12, 18, 19, 20, 21, 23, 24, 26, 27.
Neilson, n°s 8, 9, 12, 19, 21, 22, 27, 28.

Les chefs d'ateliers entrepreneurs ont exécuté, sur commandes particulières, quelques médaillons ovales avec des sujets de Don Quichotte en camaïeu gris sur ton bleu, mais ces pièces n'appartiennent pas à la tenture de Coypel, pas plus que les canapés à cartouches montrant des scènes tirées du roman. Les Gobelins ont, à la vérité, fabriqué des dessus de formes à fond cramoisi pour accompagner l'HISTOIRE DE DON QUICHOTTE, mais ces meubles ne comportent pas de figures [1].

---

1. Voir à la fin du volume la fabrication des tapisseries pour meubles.

Diane

d'après Oudry (?)

Ce modèle, désigné : NOUVELLE PORTIÈRE DE DIANE A FOND BLEU SANS OR, a été mis sur le métier en 1728 par de La Tour, qui l'a répété quatorze fois.

En 1889, on a repris la tapisserie.

Une tradition sans preuve accorde la composition à Oudry. Sur quelques inventaires, le modèle est cependant attribué à Perrot ou Perrault.

DAIS

d'après Belin de Fontenay

Fond.
Pentes.
Queue.

Le dais, composé de huit pièces, destiné à la chapelle de la Manufacture, a été commencé en haute et en basse lisse dans les ateliers Le Febvre, Audran et Le Blond, en 1730.

NOUVELLE PORTIÈRE AUX ARMES DU ROI

d'après Perrault ou Perrot (?)

Cette tapisserie n'a pas été nettement déterminée ; les PORTIÈRES DE MARS, du CHAR DE TRIOMPHE et celles des RENOMMÉES portent également les armes du roi.

Aux inventaires, les NOUVELLES PORTIÈRES sont marquées comme étant sans or et forment un article distinct des portières du CHAR DE TRIOMPHE et des RENOMMÉES.

Le modèle des NOUVELLES PORTIÈRES a été mis en basse lisse en 1730 et répété vingt fois par Le Blond, trois fois par Monmerqué et huit fois par Cozette.

Il est possible que la composition soit de Coypel et que Perrault n'ait fait que peindre le modèle.

L'AMBASSADE TURQUE

d'après Parrocel (Charles)

1. *L'Entrée de l'ambassadeur dans les Tuileries.*
2. *La Sortie de l'ambassadeur par le Pont tournant.*

On a mis quelquefois ces tapisseries dans un groupe de convention, L'HISTOIRE DE LOUIS XV, qui comprenait aussi LES CHASSES, d'après Oudry.

L'*Entrée* a été commencée en 1732 par Le Febvre ; la *Sortie* est par le même, mais elle a été terminée par Monmerqué.

LES FRAGMENTS D'OPÉRA

d'après Coypel (Charles)

1. *Roland ou la noce d'Angélique.*
2. *Armide évanouie.*
3. *La Destruction du palais d'Armide.*
4. *Renaud endormi.*

Le modèle *Renaud endormi* a également servi aux scènes d'opéras, de tragédies et de comédies, entreprises en 1761.

Le travail des FRAGMENTS D'OPÉRA a été très irrégulier.

En 1733, 1741 et 1751, les ateliers de haute lisse ont entrepris des suites dont les quatre pièces ont été exécutées.

En 1766, ils ont recommencé, mais sans la *Destruction du palais d'Armide*.

En 1775, la basse lisse a mis en œuvre *Armide évanouie*, qui a été suivie de *Renaud endormi*.

En 1792, on trouve en fabrication par Cozette *Roland ou la Noce d'Angélique;* le sujet est encore sur métier en 1804, ainsi qu'un *Renaud endormi*. Les deux tapisseries sont d'après des copies de Belle (C.-L.).

ATELIERS :

Le Febvre, puis Monmerqué, n°s 1, 2.
Monmerqué, n°s 3, 4.

Monmerqué, n⁰ˢ 1, 2, 3.
Monmerqué, puis Audran, n° 4.

Audran, n⁰ˢ 1, 2, 3, 4.

Cozette, n° 2.
Audran, n⁰ˢ 1, 4.

Neilson, n° 2.
Neilson, puis Cozette fils, n° 4.

L'HISTOIRE D'ESTHER

D'APRÈS DE TROY

1. *L'Évanouissement d'Esther.*
2. *Le Couronnement.*
3. *La Toilette.*
4. *Le Triomphe de Mardoché.*
5. *La Prise d'Aman.*
6. *Le Dédain de Mardoché.*
7. *Le Repas d'Esther.*

Les tapisseries sont restées sur les métiers de haute lisse de 1739 à 1795.

Les ateliers n'attendaient pas qu'une suite fût terminée pour en commencer une autre.

La tenture a été répétée complètement treize fois ; la quatorzième reprise n'a fourni que les n°s 1, 3, 4, 7.

La fabrication a fourni quatre-vingt-quinze tapisseries ; sur ce nombre, une seule tenture est sortie de l'atelier Monmerqué ; les autres pièces sont d'Audran et de Cozette ; tous les sujets ont été traités dans chacun de ces ateliers.

Quelques pièces ont été faites en dimensions réduites, *Le Repas*, notamment.

LES NOUVELLES INDES

D'APRÈS P. DESPORTES

1. *Les Pêcheurs indiens.*
2. *Le Chameau ou le cheval pommelé.*
3. *Le Cheval rayé.*
4. *L'Éléphant ou le cheval isabelle.*
5. *Le Combat d'animaux.*
6. *Le Roi porté.*
7. *Les Chasseurs.*
8. *Les Deux Taureaux.*

La tenture a été ainsi désignée pour la distinguer des INDES, exécutée jusqu'en 1729.

Les NOUVELLES INDES ont été mises sur les métiers de basse lisse en 1740, 1742, 1747, 1750, 1754, 1756, 1761, 1765, 1770, 1771, 1773 et 1781. On travaillait sur plusieurs suites simultanément. Au moment de la Révolution, une dernière série était commencée; elle ne fut achevée qu'en 1830.

Le n° 4, commencé en basse lisse, a été terminé en haute lisse par suite de la translation, en 1825, des métiers de basse lisse à la Manufacture de Beauvais.

ATELIERS :

Cozette, n°s 1, 2, 5, 7.
Le Blond, n°s 3, 4, 6, 8.

Cozette, n°ˢ 1, 2, 5, 7.
Le Blond, n°ˢ 3, 4, 6, 8.

Cozette, n° 6.
Le Blond, n°ˢ 1, 2, 3, 5.
Le Blond, puis Neilson, n° 4.
Cozette, puis Neilson, n°ˢ 7, 8.

Le Blond, puis Neilson, n°ˢ 1, 2, 6, 8.
Neilson, n°ˢ 3, 4, 5, 7.

A partir de la cinquième reprise en 1754, Neilson est seul fabricant, et travaille jusqu'en 1788; Cozette fils lui succède et achève les pièces en cours.

La fabrication a donné dix tentures complètes et treize pièces isolées, formant un ensemble de quatre-vingt-treize pièces réparties par quantités à peu près égales entre les sujets.

C'est à tort que l'usage a prévalu de regarder Desportes comme le peintre des NOUVELLES INDES. Cet artiste qui déjà, en 1692, avait retouché les modèles des INDES de Louis XIV, fut chargé, en 1737, de reprendre les toiles entièrement ruinées ; il se borna à des modifications secondaires et respecta la composition et l'esprit des modèles primitifs.

Les modèles de Desportes furent repeints ou copiés à différentes reprises, notamment par Huet.

LES CHASSES DE LOUIS XV

d'après Oudry

1. *La Vue de Compiègne et la rivière d'Oise.*
2. *Le Rendez-vous au puits du roi.*
3. *La Forêt de Fontainebleau.*
4. *L'Étang de Saint-Jean.*
5. *Le Relai.*
6. *Le Limier.*
7. *Le Faux rut.*
8. *La Muette des chiens courants ou les queues.*
9. *La Curée.*

La tenture a été également désignée sous le nom de L'HISTOIRE DE LOUIS XV, qui comprenait aussi L'ENTRÉE et LA SORTIE DE L'AMBASSADEUR TURC, d'après Parrocel.

Il y a eu des confusions dans les inventaires des noms différents ayant été donnés à des pièces semblables. Les dénominations que nous avons adoptées sont celles de la livraison au Garde-Meuble en 1748; il y avait alors huit pièces finies. *La Curée* était sur métier.

Le peintre Chevalier est chargé, en 1745, de peindre une nouvelle tête de Louis XV, d'après nature.

En 1751, Oudry est payé pour avoir « fait six portraits du Roy pour remettre en place de ceux qui sont aux CHASSES DU ROY pour Compiègne, dont les pièces sont restées au garde-meuble. »

En 1779, les tableaux sont envoyés des Gobelins à la Manufacture de Sèvres, pour servir de modèles.

On a supposé que la tenture avait aussi été fabriquée à la Manufacture de Beauvais, dont Oudry fut dessinateur de 1726 à 1734 et directeur de 1734 à 1755. Les registres de la Manufacture, de 1727 à 1733, mentionnent en effet une suite de CHASSES NOUVELLES d'Oudry, mais elles étaient destinées au chancelier marquis de Chauvelin; en 1734, on trouve, sur les métiers de Beauvais, LES CHASSES DE M. OUDRY, sans qu'on puisse spécifier de quelles chasses il est question.

Aux Gobelins, la tenture fut commencée en haute lisse en 1736, par Audran et Monmerqué, et reprise en 1742 dans les mêmes ateliers ; une seule pièce de la seconde tenture, *La Curée*, est de Cozette.

LES ARTS

d'après Restout

1. *La Sculpture.*
2. *La Peinture.*

La *Sculpture* a aussi été nommée : *Pygmalion amoureux de sa statue* et *La Peinture : Alexandre dans l'atelier d'Apelle* ou *Apelle peignant Roxane.*

Restout avait préparé deux modèles qui n'ont pas été exécutés : *La Musique,* figurée par Orphée et Eurydice, et l'*Architecture,* représentée par l'Édification de Carthage.

La tenture fut commencée en 1744, en basse lisse, par Cozette; en 1750, Cozette recommence *La Sculpture.* La pièce est terminée par Neilson, qui fait également *La Peinture.*

L'HISTOIRE DE THÉSÉE

d'après Van Loo (Carl)

Thésée domptant le taureau de Marathon.

La tenture devait comprendre plusieurs pièces; une seule a été fabriquée trois fois par Audran en haute lisse, en 1746, 1773 et 1780.

L'HISTOIRE DE JASON

D'APRÈS DE TROY

1. *Jason épousant Créuse.*
2. *Jason domptant les taureaux.*
3. *Jason recevant de Médée l'herbe enchantée.*
4. *Créuse revêtue de la robe empoisonnée.*
5. *Jason semant les dents du dragon.*
6. *Médée fuyant après avoir tué ses enfants.*
7. *Jason enlevant la toison d'or.*

La première suite a été commencée en 1750; la dernière, qui ne portait que sur quelques pièces de remplacement, était en fabrication en 1794.

Les ateliers de haute lisse d'Audran et de Cozette ont eu presque en permanence cette tenture sur leurs métiers; ils l'ont reproduite onze fois.

Tous les sujets ont été traités dans les deux ateliers.

LA TENTURE DE DRESDE

D'APRÈS CH. COYPEL

1. *Psyché abandonnée par l'Amour.*
2. *Rodogune.*
3. *Roxane et Atalide.*
4. *Alceste ramenée des enfers par Hercule.*

On a donné à ces tapisseries le nom de TENTURE DE DRESDE parce qu'elles avaient été commandées à l'occasion du mariage du dauphin avec la princesse Josèphe de Saxe.

Dans divers inventaires, on a ajouté à cette tenture *Athalie interrogeant Joas,* et on lui a donné le nom de SCÈNES DE THÉATRE.

Les mêmes modèles servirent plus tard à la tenture DES SCÈNES D'OPÉRA, DE TRAGÉDIE ET DE COMÉDIE.

LA TENTURE DE DRESDE a été commencée en 1750 par Audran, qui a fait les quatre pièces ; elle a été reprise en 1761 : Cozette fit les n°s 1, 3, et Audran les n°s 2, 4.

L'HISTOIRE DE MARC-ANTOINE

d'après Natoire

1. *Le Triomphe de Marc-Antoine.*
2. *L'Entrevue de Cléopâtre et de Marc-Antoine.*
3. *Le Repas de Cléopâtre.*

La tenture a été faite en haute lisse en 1751 et en 1761. Le *Triomphe* a été repris isolément en 1781.

ATELIERS :

Audran, n°ˢ 1, 2.
Cozette, n° 3.

Cozette, n° 1.
Audran, n°ˢ 2, 3.

Cozette, n° 1.

L'Amour allumant un flambeau au feu du Soleil
D'APRÈS BOUCHER

La tapisserie en forme de portière a été exécutée par Neilson en 1751.

Sainte Famille

La tapisserie a été exécutée en 1755 par Cozette.
Le modèle est de Parrocel père, élève de Carlo Maratti, ce qui a fait quelquefois attribuer la peinture à l'artiste italien.

LES AMOURS DES DIEUX

D'APRÈS BOUCHER

1. *L'Enlèvement d'Europe.*
2. *Vénus chez Vulcain.*
3. *Pluton et Proserpine.*
4. *Neptune et Amimone.*

La pièce *Jupiter et Calisto* de Boucher, a été par moments ajoutée à cette tenture.

Les tapisseries d'après Boucher ont donné lieu à des erreurs et à des confusions dont il est utile de faire connaître les causes.

L'artiste a peint plusieurs fois le même sujet d'une façon différente.

D'autres peintres ont traité les mêmes sujets que lui.

La Manufacture de Beauvais a fabriqué des tentures et des tapisseries isolées portant des titres identiques à celles des Gobelins.

Dans la dernière période du XVIIIe siècle, les états de fabrication des Gobelins ne fournissent plus le détail des pièces ; ils donnent seulement l'indication sommaire de : TENTURE D'APRÈS MONSIEUR BOUCHER.

Les tapisseries d'après les peintures de Boucher ont été groupées tantôt dans un ordre rationnel, tantôt arbitrairement ; les mêmes pièces se trouvent ainsi dans diverses tentures et plusieurs tapisseries isolées ont été incorporées dans des suites auxquelles elles n'étaient pas destinées.

LES AMOURS DES DIEUX, qu'il ne faut pas confondre avec une autre tenture du même nom, commencée en 1781, ont été mis sur métier en 1741 et repris partiellement en 1762 ; quelques pièces restées inachevées ont été terminées vers 1804.

Les motifs de Boucher étaient en principe engagés dans des alentours avec enfants, mais plusieurs pièces ont été exécutées sans alentours.

ATELIERS :

Cozette, n° 1.
Audran, n° 2.
Neilson, n°ˢ 3, 4.

Cozette, n° 1.
Audran, n°ˢ 2, 3.

LE SOLEIL

D'APRÈS BOUCHER

1. *Le Lever du Soleil.*
2. *Le Coucher du Soleil.*

Les deux tapisseries ont été commencées par Cozette en 1758.

Elles ont été quelquefois comprises dans les SUJETS DE LA FABLE (page 151).

LES SCÈNES D'OPÉRA, DE TRAGÉDIE ET DE COMÉDIE

D'APRÈS COYPEL (CHARLES)

1. *Roxane et Atalide.*
2. *Rodogune.*
3. *Alceste ramenée des enfers par Hercule.*
4. *Renaud endormi.*
5. *Psyché abandonnée par l'Amour.*
6. *Athalie interrogeant Joas.*

Les modèles ont été pris dans les FRAGMENTS D'OPÉRA et dans la TENTURE DE DRESDE avec *Athalie* en plus (pages 131 et 140).

La fabrication a été très irrégulière ; commencée en 1761, elle a été reprise en 1763, 1769, 1775 ; en outre, on fit des pièces isolées en 1770, 1776, pendant la Révolution, en 1803 et en 1807.

Au résumé, les ateliers donnèrent trois tentures complètes et douze pièces isolées, savoir : *Roxane*, 2 fois ; *Alceste*, 1 fois ; *Psyché*, 5 fois ; *Renaud*, 3 fois ; *Athalie*, une fois.

Audran exécuta tous les sujets ; Cozette ne fit que les n°s 1 et 5 comme pièce de remplacement et Cozette fils le n° 4.

Belle (C.-L.) recopia quelques-unes des toiles de Coypel.

ALENTOURS DES SCÈNES D'OPÉRA, DE TRAGÉDIE
ET DE COMÉDIE

1. *Rodogune*.
2. *Alceste*.
3. *Psyché*.

La tenture a été commencée en 1764 dans l'atelier Cozette.

Portrait de Louis XV

D'APRÈS JEAURAT

Cette tapisserie a été exécutée en 1764 par Cozette.

La Paix, le Commerce et l'Abondance

D'APRÈS BELLE (C.-L.) (?)

La tapisserie a été exécutée en haute lisse vers 1766.

Portrait en buste du roi Louis XV

D'APRÈS VAN LOO

La tapisserie a été tissée par Cozette en 1768.

Portrait en buste de la reine Marie Leczinska

D'APRÈS NATTIER

La pièce a été faite en 1768 par Cozette.

Vénus sur les eaux

D'APRÈS BOUCHER

La Manufacture a mis sur métier trois tapisseries d'après Boucher, désignées sous le titre : VÉNUS SUR LES EAUX.

La première, dans l'atelier Neilson, en 1768.

La seconde, en forme de médaillon, dans l'atelier Audran, en 1792.

La troisième, de petite dimension, en 1859.

Le même motif a de plus été composé dans les SUJETS DE LA FABLE, commencés en 1775 (page 151).

LES PASTORALES

D'APRÈS BOUCHER

1. *La Pêche.*
2. *La Diseuse de bonne aventure.*
3. *Vertumne et Pomone.*

La suite ne comprenait que trois pièces, lorsqu'elle fut commencée en 1772.

Plus tard, on réunit sous la même dénomination, *La Pêche, Neptune et Amimone* et l'*Aurore et Céphale,* quoique ces deux dernières tapisseries fussent déjà incorporées dans d'autres suites (pages 143 et 151.

D'autre part, *Vertumne et Pomone* fut mise dans les SUJETS DE LA FABLE.

Les trois tapisseries furent montées une seconde fois pendant la Révolution: les n°s 1, 2 furent repris en 1859, puis en 1865.

Vénus aux forges de Vulcain

D'APRÈS F. BOUCHER

La tapisserie, qui est *Vulcain présente à Vénus des armes pour Énée,* a été faite en 1773 par Cozette.

LES SUJETS DE LA FABLE

D'APRÈS BOUCHER

1. *Vertumne et Pomone.*
2. *L'Aurore et Céphale.*
3. *Vénus sur les eaux.*
4. *Vénus chez Vulcain.*

La tenture a été mise sur métier trois fois par Neilson à partir de 1775; la troisième reprise a été terminée par Cozette fils.

Les motifs en ovales étaient engagés dans des alentours de dimensions différentes, à fond de damas, avec fleurs et ornements; cependant plusieurs pièces des SUJETS DE LA FABLE ont été exécutées sans alentours.

Le n°4, qui est *Vénus demande des armes à Vulcain pour Énée*, était hors série, sur les métiers d'Audran, en 1792.

Le Lever du Soleil et *Le Coucher du Soleil* ont été par moments incorporés dans la tenture.

Vertumne et Pomone a été parfois comprise dans les PASTORALES.

LES COSTUMES TURCS

D'APRÈS VAN LOO (AMÉDÉE)

1. *Le Travail chez la Sultane.*
2. *La Toilette de la Sultane.*
3. *La Danse aux Jardins.*
4. *Le Déjeuner de la Sultane.*

Cette suite, nommée aussi la *Sultane au Sérail*, a été exécutée trois fois en haute lisse à partir de 1779. *La Toilette* a été faite une fois de plus.

ATELIERS :

Cozette, n° 1.
Audran, n°ˢ 2, 3, 4.

Audran, n°ˢ 1, 2, 3, 4.

Audran, n° 2.
Cozette, n°ˢ 1, 3, 4.

Cozette, n° 2.

Le Triomphe d'Amphitrite
D'APRÈS TARAVAL

La tapisserie a été exécutée en 1779 par Neilson.

Clytie transformée en fleur du Soleil

La tapisserie a été exécutée par Neilson en 1780.

Le modèle est attribué à Belle (C.-L.), mais il est probable qu'il est de Pierre et que Belle n'en a fait qu'une copie.

Sur certains inventaires, la tapisserie a été comprise dans les AMOURS DES DIEUX

LES QUATRE SAISONS
D'APRÈS CALLET

1. *Le Printemps... La Fête à Flore.*
2. *L'Été............ La Fête à Cérès.*
3. *L'Automne..... La Fête à Bacchus.*
4. *L'Hiver.......... Les Saturnales.*

La tenture a été exécutée en 1781 par Cozette, puis recommencée par Audran et Cozette en 1789 et en 1798.

LES AMOURS DES DIEUX

1. *Vénus chez Vulcain*, d'après Boucher.
2. *L'Amour et Psyché*, d'après Coypel (Ch.).
3. *L'Enlèvement d'Europe*, d'après Pierre.
4. *Proserpine et Pluton*, d'après Vien.
5. *Silène barbouillé de mûres par la nymphe Églé*, d'après Hallé.
6. *Le Triomphe d'Amphitrite*, d'après Taraval.
7. *Aglaure changée en statue de pierre par Mercure*, d'après Pierre.

Les tapisseries résultent de peintures n'ayant pas été conçues en vue d'une tenture homogène.

Les modèles de Boucher, de Coypel et de Taraval avaient déjà servi.

Proserpine et Pluton a aussi été désignée : l'*Enlèvement de Proserpine* et *Proserpine ornant de fleurs la statue de Cérès*.

Les tapisseries *Clytie transformée en fleur du Soleil* (page 153) et *Bacchus ou l'Automne*, de Lagrenée, commencée en 1787, ont été parfois comprises dans la tenture.

Le titre LES AMOURS DES DIEUX a été donné à une suite de la Manufacture de Beauvais souvent répétée et à une tenture de Boucher de 1758 (page 143).

Cozette a commencé la tenture en 1781 ; il a produit

    4 fois le n° 3.
    3   —   4.
    2 fois les n°s 1, 2, 5.
    1   —   6, 7.

L'*Enlèvement d'Europe*, *Proserpine* et *Silène* ont été repris sous la Révolution, suspendus, et terminés sous l'Empire.

Portrait de l'Empereur d'Allemagne.

1782.

Atelier Cozette.

Portrait de l'Impératrice reine de Hongrie.

1782.

Atelier Cozette.

L'HISTOIRE DE HENRI IV

d'après Vincent

1. *Sully aux pieds de Henri IV.*
2. *Henri IV rencontre Sully blessé.*
3. *Le Roi chez le meunier Michaud.*
4. *L'Évanouissement de Gabrielle.*
5. *Les Adieux du roi et de Gabrielle.*
6. *Henri IV faisant entrer des vivres dans Paris.*

La suite a aussi été appelée : HISTOIRE DE FRANCE; quelques modèles ont servi à des portraits isolés de Henri IV et de Sully.

Le sujet n° 1 se retrouve dans l'HISTOIRE DE FRANCE page 160).

Le n° 6 excepté, les tapisseries ont été faites en ovales de différentes grandeurs et engagés dans des alentours de fleurs; les mêmes pièces sans entourages ont ensuite été exécutées en forme carrée.

La tenture a été commencée, en 1784, par Cozette et Audran.

En 1804, on a repris les modèles, sauf le n° 6.

Sous la Restauration, on a exécuté une troisième tenture, le n° 2 excepté.

Plusieurs pièces sont restées inachevées.

Jupiter et Calisto

D'APRÈS BOUCHER

La tapisserie, qui a été parfois comprise dans les AMOURS DES DIEUX (page 143), a été entreprise par Neilson en 1785 ; une réplique, commencée également par Nei'son, a été terminée par Cozette fils ; en 1794, Audran monte la pièce ; en 1859, le modèle est remis sur métier.

Le paysage a été peint par Juliard.

AMINTE ET SYLVIE

D'APRÈS BOUCHER

1. *Aminte délivrée par Sylvie.*
2. *Sylvie secourue par Aminte.*

Les modèles faisaient partie d'une série dénommée TABLEAUX DE LA SUITE D'AMINTE, composée de quatre toiles.

Les deux tapisseries furent commencées par Neilson en 1785.

Le n° 1 fut repris, avec des modifications dans les mesures, en 1853, en 1857 et en 1866 simultanément, avec les *Confidences*, du même peintre.

L'HISTOIRE DE FRANCE

1. *L'Assassinat de l'amiral Coligny*, d'après Suvée.
2. *La Continence de Bayard*. d'après Durameau.
3. *Le Siège de Calais*, d'après Barthélemy.
4. *Le Combat de Marcel et de Maillard*, id.
5. *La Reprise de Paris par le connétable de Richemont*, d'après Barthélemy.
6. *La Mort de Léonard de Vinci*, d'après Ménageot.
7. *La Mort de Du Guesclin*, d'après Brenet.
8. *Le Président Molé arrêté par les Frondeurs*, d'après Vincent.
9. *Sully aux pieds de Henri IV*, d'après Lebarbier.

Les modèles n'ont pas été conçus en vue d'une tenture d'ensemble, ni peints spécialement pour la tapisserie.

Sous l'ancien régime, le n° 1 était marqué : *Violences faites à l'amiral Coligny.*

Une première tenture fut commencée en 1786 par Cozette et Audran. Les n°s 1, 2, 6 et 7 furent faits deux fois.

Une nouvelle tenture fut mise sur métier en 1801, continuée sous l'Empire et terminée sous la Restauration ; dans cette suite, on ne comprit pas la *Continence de Bayard* ; la *Reprise de Paris* resta inachevée.

Bacchus et Ariane
d'après Coypel

La pièce a été faite trois fois par Audran fils, Neilson et Cozette fils.

La dernière reprise a eu lieu en 1790 sur une copie de Belle (C.-L.).

Bacchus ou *L'Automne*
d'après Lagrenée le jeune

La tapisserie a été exécutée deux fois, à partir de 1787, dans l'atelier de Cozette père.

Jupiter et Léda
d'après Belle (C.-L.)

Atelier Audran.

1790 [1].

---

1. Les dates, comme les précédentes, marquent l'année du commencement de la pièce.

Le Courage des femmes Spartiates

D'APRÈS LEBARBIER

La tapisserie a été mise en œuvre en 1790 et répétée en 1804.

La Fête à Pales

D'APRÈS SUVÉE

Le modèle a été exécuté deux fois, la première en 1793, la seconde en 1804.

L'Enlèvement d'Orythie par Borée

D'APRÈS VINCENT

La pièce a été faite trois fois, à la fin du XVIIIe siècle, en 1804 et en 1815.

Cornélie mère des Gracques

D'APRÈS SUVÉE

La pièce a été montée à la fin du XVIIIe siècle, et une seconde fois en 1804.

Briséis emmenée de la tente d'Achille

D'APRÈS VIEN

La tapisserie a été entreprise à la fin du XVIIIe siècle.

Zeuxis choisissant un modèle parmi les belles filles de Crotone pour peindre Hélène

D'APRÈS VINCENT

La tapisserie a été commencée en 1795; une réplique, mise sur métier en 1806, est resté inachevée.

Vénus blessée par Diomède

D'APRÈS CALLET

La pièce a été faite en 1795, puis répétée en 1800 et en 1807.

Méléagre entouré de sa famille

D'APRÈS MÉNAGEOT

La pièce a été mise sur métier en 1797, recommencée en 1815, abandonnée, puis reprise en 1823.

Énée poursuivant Hélène dans le temple de Minerve

D'APRÈS VIEN

1798.

L'Enlèvement de Déjanire

D'APRÈS GUIDO RENI

1799.

Canards et vautours

D'APRÈS DESPORTES

La tapisserie a été exécutée en 1799 et reprise en 1805.

La Vestale Clélie

D'APRÈS SUVÉE

1799.

L'Amour conjugal ou Léonidas et Cleombrote

D'APRÈS LÉMONNIER

Le modèle a été mis sur métier en 1800 et une seconde fois en 1814.

La Reconnaissance d'Iphigénie et d'Oreste

D'APRÈS REGNAULT

1800.

Le Combat des Romains et des Sabins

D'APRÈS VINCENT

1801.

Vases de Fleurs

D'APRÈS Mme PAIGNÉ

1801.

De 1801 à 1806, il a été fabriqué quatre petites tapisseries à fleurs d'après le même peintre.

Vases de Fleurs
D'APRÈS Mme VALLAYER-COSTER

1803.

On a fait, de 1803 à 1806, plusieurs petites tapisseries à fleurs d'après le même peintre.

Aria et Pétus
D'APRÈS VINCENT

La tapisserie a été commencée en 1801 et répétée en 1805.

Énée quittant Troie embrasée
D'APRÈS SUVÉE

1803.

Le Combat de Mars et de Dioméde
D'APRÈS DOYEN

La tapisserie a été entreprise d'abord en 1804, puis en 1818.

Portrait de Le Brun

1805.

Portrait de l'empereur Napoléon

1805.

Ce portrait, en forme de médaillon, était en couleur bronzée.

---

*Le Premier Consul distribuant des sabres d'honneur
au retour de Marengo*

D'APRÈS GROS

1806.

La tapisserie a été faite deux fois.

Le Général Bonaparte gravissant les Alpes

D'APRÈS DAVID

1806.

Portrait en pied de l'impératrice Joséphine
D'APRÈS GÉRARD

1806.

La Mort du général Desaix
D'APRÈS REGNAULT

1806.

Le Général Bonaparte visitant l'hôpital de Jaffa
D'APRÈS GROS

1806.

Perroquets
D'APRÈS BARRABAND

1806.

Les Adieux d'Hector et d'Andromaque

D'APRÈS VIEN

1807.

PORTIÈRES

D'APRÈS LEMONNIER ET DUBOIS

1808.

1. *La Victoire.*
2. *La Renommée.*
3. *Les Sciences et les Arts.*
4. *Le Commerce et l'Agriculture.*
5. *Les Armes de l'Empire français.*
6. *Les Armes du Royaume d'Italie.*
7. *L'Europe.*
8. *L'Asie.*
9. *L'Afrique.*
10. *L'Amérique.*
11. *La Paix.*

Les n°s 1, 2, 3, 4, 5, 6, 11, ont été exécutés une seconde fois, sous la Restauration, avec des modifications dans les emblèmes.

Portrait en pied de l'empereur Napoléon avec attributs impériaux
D'APRÈS GÉRARD.

La tapisserie a été commencée en 1808; une réplique est restée inachevée en 1814.

Portrait en pied de l'impératrice Joséphine avec attributs impériaux
D'APRÈS GÉRARD

La tapisserie a été commencée en 1808; une réplique est restée inachevée en 1814.

Portrait en pied de Madame, mère de Napoléon
D'APRÈS GÉRARD

1808.

La bordure de cette tapisserie a été exécutée en 1861.

Portrait en buste de l'empereur Napoléon
D'APRÈS GÉRARD

De 1808 à la chute de l'Empire, ce portrait a été fait dix fois.

Portrait en buste de l'impératrice Joséphine

D'APRÈS GÉRARD

1809.

Ce portrait a été fait quatre fois.

———

Portrait de l'impératrice Joséphine assise

D'APRÈS GÉRARD

1809.

———

Un Déjeuner avec une brioche et des raves

D'APRÈS Mme VALLAYER-COSTER

1809.

———

Un Déjeuner avec des pots de crême et des biscuits

D'APRÈS Mme VALLAYER-COSTER

1809.

———

*L'Empereur donne ses ordres aux maréchaux de l'empire
le matin de la bataille d'Austerlitz*

d'après Carle Vernet

1809.

Cette tapisserie et les treize suivantes sont restées inachevées à la chute de l'Empire.

L'Empereur passant une revue des députés de l'armée

d'après Sérangelli

1809.

L'Empereur dans son cabinet

d'après Garnier (E.)

1809.

L'Empereur pardonnant aux révoltés du Caire

d'après Guérin

1810.

*L'Empereur donnant la croix d'honneur à un soldat
de la Garde russe*

D'APRÈS DEBRET

1810.

La Reddition de Vienne

D'APRÈS GIRODET-TRIOSON

1810.

La tapisserie a été remise sur métier en 1833, mais elle n'a pas été achevée.

Les Préliminaires de la paix de Leoben

D'APRÈS LETHIÈRE

1810.

---

*Le 76ᵉ de ligne retrouve son drapeau dans l'arsenal
d'Inspruck*

D'APRÈS MEYNIER

1810.

La Restauration autorisa la continuation de cette tapisserie ; elle ne fut cependant remise sur métier qu'en 1833.

La Prise de Madrid

D'APRÈS GROS

1811.

Napoléon recevant la reine de Prusse à Tilsitt

D'APRÈS BERTHON

1811.

*Napoléon recevant les ambassadeurs du sophi de Perse
au camp de Finkenstein*

D'APRÈS MULARD

1811.

Entrevue de Napoléon et d'Alexandre sur le Niémen

D'APRÈS GAUTHEROT

1811.

La Clémence de l'empereur envers la princesse de Habzfeld
D'APRÈS C. DE BOISFREMONT

1811.

---

*Le Général Bonaparte rendant au chef d'Alexandre
ses armes*
D'APRÈS MULARD

1812.

Portrait de l'empereur Napoléon
D'APRÈS LE BUSTE DE CANOVA; ALENTOUR DE FLEURS, D'APRÈS VAN POL

1811.

Portrait de l'impératrice Marie-Louise
D'APRÈS LE BUSTE DE BOSIO; ALENTOUR DE FLEURS, D'APRÈS VAN POL

Un semblable portrait, mais sans alentour, a été terminé en 1816 sous le nom de *Portrait de l'archiduchesse d'Autriche*.

Portrait du roi de Rome
D'APRÈS GÉRARD

1813.

Portrait en pied de l'impératrice Marie-Louise
D'APRÈS GÉRARD

1813.

La tapisserie n'a pas été achevée.

Portrait du roi Louis XVI en habits de cérémonie
D'APRÈS CALLET

1814.

Portrait en buste du roi Louis XVIII
D'APRÈS GÉRARD

1814.

Ce portrait a été fait trois fois.

La Reine Marie-Antoinette et ses enfants

D'APRÈS Mme VIGÉE-LEBRUN

La tapisserie a été commencée en 1814; une réplique a été mise sur métier en 1818.

Portrait de l'impératrice de Russie Élisabeth

D'APRÈS UN BUSTE EN MARBRE

1814.

Portrait de l'empereur de Russie Alexandre Ier

D'APRÈS LE BUSTE DE RUTHXIEL

1814.

Pierre le Grand sur le lac Ladoga

D'APRÈS STEUBEN

Cette tapisserie a aussi été désignée : *Intrépidité de Pierre le Grand*.

1814.

Combat de taureaux et de chiens
D'APRÈS SNYDERS

1814.

Cheval dévoré par des loups
D'APRÈS SNYDERS

1814.

Intérieur d'office
D'APRÈS SNYDERS, figures d'après RUBENS

1814.

Un Garde-manger
D'APRÈS SNYDERS

1814.

La tapisserie n'a pas été terminée.

Chélonis et Cléombrotte

D'APRÈS LEMONNIER

1814.

Portrait en buste du roi Louis XVIII en officier supérieur des Suisses

D'APRÈS LEMONNIER (?)

1815.

L'Offrande à Esculape ou La Piété filiale

D'APRÈS GUÉRIN

1815.

Le Départ d'Ulysse et de Pénélope

D'APRÈS LEMONNIER

La tapisserie a été commencée en 1815 et n'a pas été terminée.

PARAVENT

D'APRÈS LAURENT ET FRAGONARD (A.-E.)

1817.

1. *La Musique.*
2. *La Poésie.*
3. *L'Astronomie.*
4. *La Peinture.*
5. *La Sculpture.*
6. *L'Architecture.*

Phèdre et Hippolyte

D'APRÈS GUÉRIN

1818.

Portrait du roi Louis XVIII en habits de cérémonie

D'APRÈS ROBERT LE FEVRE

Le Portrait a été entrepris en 1817 et en 1820.

La Bataille de Toloza
D'APRÈS HORACE VERNET

1818.

La Prédication de saint Étienne
D'APRÈS ABEL DE PUJOL

1818.

LA VIE DE SAINT LOUIS

1. *La Mort de saint Louis.*
2. *Saint Louis recevant les députés du Vieux de la Montagne.*
3. *Saint Louis arbitre entre le roi et les barons d'Angleterre.*
4. *La Dernière communion de saint Louis.*

La suite a été commencée en 1818.

Les modèles n°s 1, 2, 3 sont de Rouget; le n° 4, de Gassies.

LA VIE DE SAINT BRUNO

D'APRÈS LE SUEUR

1820.

1. *Saint Bruno en prière dans sa cellule.*
2. *Rencontre de saint Bruno par le comte Roger.*
3. *Voyage à la Chartreuse.*
4. *Apparition de saint Bruno au comte Roger.*
5. *Saint Bruno reçoit un message du Pape.*
6. *Saint Bruno est enlevé au ciel.*
7. *Saint Bruno prend l'habit monastique.*

ORNEMENTS SACERDOTAUX

1. *Chasuble.*
2. *Voile.*
3. *Bourse.*
4. *Manipule.*

La Manufacture a exécuté, de 1820 à 1841, deux suites à motifs différents de ces ornements; l'une était à fond violet, l'autre à fond cramoisi.

Les modèles sont de Laurent, Mulard, Lebas et Feuchères.

Sainte Famille
D'APRÈS LAURENT

1820.

La tapisserie était destinée à un devant d'autel; elle a été recommencée en 1826.

La Mort de Priam
D'APRÈS GARNIER (E.)

La tapisserie, mise sur métier en 1820, n'a pas été achevée.

La Conversion de saint Paul
D'APRÈS FRANQUE

1820.

Jésus ressuscite le fils de la veuve de Naïm
D'APRÈS GUILLEMOT

Commencée en 1820, la tapisserie n'a pas été terminée.

Le Centenier

D'APRÈS BON BOULLOGNE

La tapisserie, montée en 1820, n'a pas été terminée ; le modèle fut recommencé en 1825.

François Ier reçu chevalier par Bayard

D'APRÈS FRAGONARD (A.-E.)

1820.

FRANÇOIS Ier

D'APRÈS ROUGET

1. *François Ier confie la garde de sa personne aux Rochellois.*
2. *François Ier refusant le serment des Gantois révoltés.*

Les tapisseries ont été mises sur métier en 1821.

HENRI IV

D'APRÈS ROUGET

1. *Henri IV présidant les États de Rouen.*
2. *Henri IV présentant Crillon aux seigneurs de sa cour.*

Les tapisseries ont été commencées en 1822.

Cantonnières fleurdelisées avec le portrait de Henri IV

1822.

On a fait quatre cantonnières semblables.

La Vierge et l'Enfant

D'APRÈS RAPHAËL

1822.

Le modèle est une copie partielle de la *Madone Sixtine*.
La tapisserie, faite pour servir de bannière, portait un soleil au revers.

L'Amour allumant son flambeau
D'APRÈS LAURENT

La tapisserie, destinée à servir d'écran, a été faite en 1822 et en 1830.

Elle a aussi été nommée *Le Génie des Arts*.

Sainte Geneviève
D'APRÈS GUÉRIN

1822.

La tapisserie était destinée à un devant de bannière.

Tapis de prière

1822.

Les modèles de ces deux tapis ont été peints par Laurent sur des documents fournis par le vice-roi d'Égypte.

La Vérité

D'APRÈS TARDIEU

1823.

La tapisserie a été faite pour un entrefenêtres.

L'Abondance

D'APRÈS TARDIEU

1824.

La tapisserie a été faite pour un entrefenêtres.

François Ier et Charles-Quint visitant les tombeaux de l'église de Saint-Denis

D'APRÈS GROS

1824.

La Duchesse de Berry et ses enfants

D'APRÈS GÉRARD

1824.

Pyrrhus prenant Andromaque sous sa protection

D'APRÈS GUÉRIN

1824.

Saint Germain

D'APRÈS GROS

La tapisserie, commencée en 1824, devait servir de bannière ; elle a été refaite en 1827.

La France

D'APRÈS ROUGET

1824.

La tapisserie a été destinée à servir de portière.

LES CROISÉS

D'APRÈS ROUGET

1. *Un Chevalier croisé.*
2. *Un Soldat croisé.*

Ces deux pièces, commencées en 1825, faisaient partie d'une suite de neuf tapisseries allégoriques commandées à Rouget pour la salle du trône du palais des Tuileries; les autres pièces ne furent pas exécutées.

La Fête au dieu Pan

D'APRÈS MIGNARD et BAPTISTE MONNOYER

1825.

La Fête à Vénus

D'APRÈS MIGNARD et BAPTISTE MONNOYER

1826.

Portrait en pied du roi Charles X dans le costume et avec les attributs de la royauté

D'APRÈS GÉRARD

1826.

Portrait en pied du roi Charles X en colonel général des carabiniers

D'APRÈS GÉRARD

Le portrait a été fait en 1826 et en 1827.

Philippe V, roi d'Espagne

D'APRÈS GÉRARD

1827.

Portrait en buste du roi Charles X

D'APRÈS GÉRARD

1827.

L'HISTOIRE DE MARIE DE MÉDICIS

D'APRÈS RUBENS

1. *La Destinée de Marie de Médicis.*
2. *Naissance de Marie de Médicis, le 26 avril 1575, à Florence.*
3. *Henri IV reçoit le portrait de Marie de Médicis.*
4. *Le Mariage de Marie de Médicis avec Henri IV.*
5. *Mariage de Henri IV avec Marie de Médicis, accompli à Lyon le 10 décembre 1600.*
6. *Naissance de Louis XIII à Fontainebleau le 27 septembre 1601.*
7. *Henri IV part pour la guerre d'Allemagne et confie à la reine le gouvernement du royaume.*
8. *Voyage de Marie de Médicis aux Ponts-de-Cé.*
9. *La Reine s'enfuit du château de Blois dans la nuit du 21 au 22 février 1619.*
10. *Réconciliation de Marie de Médicis avec son fils.*
11. *La Conclusion de la paix.*
12. *Le Triomphe de la vérité.*
13. *Portrait de Marie de Médicis, reine de France en 1642, âgée de soixante-huit ans.*

Les désignations sont celles des tableaux du musée du Louvre.

La suite a été mise sur métier en 1828.

Portrait du dauphin.

D'APRÈS LAWRENCE

La tapisserie a été exécutée deux fois en 1828.

Jeanne d'Arc sur les remparts d'Orléans

D'APRÈS BLONDEL

La tapisserie, destinée à un écran, a été faite deux fois en 1829.

Sainte Clotilde, reine de France

D'APRÈS BLONDEL

La tapisserie, destinée à un écran, a été faite en 1830 et recommencée en 1831.

La Conjuration des Strelitz

D'APRÈS STEUBEN

1831.

Les Cendres de Phocion

D'APRÈS MEYNIER

1831.

Portrait du duc d'Orléans en colonel général des hussards.

D'APRÈS GÉRARD

La tapisserie a été exécutée en 1833 et en 1838.

Portrait de la duchesse d'Orléans et de son fils le duc de Chartres

D'APRÈS GÉRARD

1834.

Le Massacre des mamelouks

D'APRÈS HORACE VERNET

1835.

Combat de coqs[1]
D'APRÈS OUDRY
1835.

Mignonne et Sylvie, chiennes de Louis XV
D'APRÈS DESPORTES
1835.

Cette tapisserie et les deux suivantes ont été inscrites aux Gobelins sous des noms différents et attribuées tantôt à Desportes, tantôt à Oudry; nous leur avons restitué les dénominations du bulletin de sortie du Musée du Louvre.

Bonne, Nonne et Pousse, chiennes de Louis XV, tenant en arrêt des perdrix rouges
D'APRÈS DESPORTES
1835.

---

1. L'inventaire de prise de possession de la liste civile du roi Louis-Philippe mentionne plusieurs petites tapisseries attribuées aux Gobelins, dont il n'avait pas été passé écriture précédemment; ce sont sans doute des travaux d'élèves ou des travaux d'essai : *Fruits et fleurs*; *Fleurs et Fruits, avec un Moulin à café*; *Panier de pêches*, d'après Baptiste Monnoyer (?); — *Branches de roses*; *Branches de myosotis et tulipes*, d'après Van Pol; — *Le Petit Musicien*; *La Petite Jardinière*, d'après Boucher; — *Le Chat, la Belette et le Lapin*, d'après Oudry.

Chiens et perdrix
D'APRÈS DESPORTES

1835.

La Lice et sa compagne
D'APRÈS OUDRY

1836.

Le Loup et l'Agneau
D'APRÈS OUDRY

1836.

Cantonnières et Lambrequins
D'APRÈS COUDER

1836.

Les pièces, au nombre de quatorze, étaient destinées au grand escalier du château d'Eu.

Cantonnières

D'APRÈS COUDER

1836.

Ces tapisseries, au nombre de douze, étaient destinées au salon des Rois du château d'Eu.

Cantonnières

D'APRÈS STARKE

1836.

Ces pièces, au nombre de huit, étaient destinées à la galerie d'Apollon du Musée du Louvre.

Portrait en pied du roi Louis-Philippe

D'APRÈS HERSENT

1836.

Portrait en pied de la reine Amélie

D'APRÈS GÉRARD

1837.

Portrait en pied du roi Louis-Philippe
D'APRÈS WINTERHALTER

La tapisserie a été commencée en 1841 et refaite une seconde fois en 1844.

Saint Étienne, martyr
D'APRÈS MAUZAISSE

La tapisserie a été faite en 1836, en 1841 et en 1844.

LE GRAND DÉCOR
D'APRÈS ALAUX ET COUDER

1. *Allégorie de la fondation du Musée de Versailles, ou la France protégeant les Arts et les Sciences.*
2. *Le Château de Saint-Cloud.*
3. *Le Château de Pau.*
4. *Le Château de Fontainebleau.*
5. *Le Palais-Royal.*
6. *L'Enlèvement d'Orythie par Borée.*
7. *Le Plan du Louvre et des Tuileries.*
8. *La Beauté emportée par le Temps.*
9. *Les Châteaux du Louvre et des Tuileries.*

La tenture, commencée en 1844, était destinée au salon Louis XIV du Palais des Tuileries.

Les nos 6 et 8 représentent les groupes en marbre de Gaspard Marsy et de Thomas Regnauldin, du jardin des Tuileries.

Après la Révelution de 1848, l'*Allégorie* fut remplacée par le no 9.

Paysage, gibier, fleurs et fruits.
D'APRÈS DESPORTES

1845.

Gibier et fruits
D'APRÈS DESPORTES

1845.

LA FARNÉSINE
D'APRÈS RAPHAËL

1848.

1. *Jupiter consolant l'Amour.*
2. *Psyché et l'Amour.*
3. *L'Assemblée des Dieux.*
4. *Les Adieux de Vénus à Cérès et à Junon.*

LES SAINTS DE LA CHAPELLE DE DREUX

D'APRÈS M. INGRES

1. *Sainte Bathilde, reine de France.*
2. *Saint Germain, évêque de Paris.*
3. *Sainte Geneviève, patronne de Paris.*
4. *Saint Remi, archevêque de Reims.*
5. *Saint Denis, premier évêque de Paris.*

La suite a été entreprise en 1848 d'après les cartons peints par M. Ingres pour les vitraux de la chapelle de Dreux.

Le Christ au tombeau

D'APRÈS SÉBASTIEN DEL PIOMBO

La tapisserie a été faite en 1848, puis recommencée en 1849.

L'Étude surprise par la Nuit

D'APRÈS A. BALZE

L'ouvrage, destiné à la bibliothèque Sainte-Geneviève, a été entrepris en 1848.

Le Printemps
IMITATION LIBRE DE LANCRET, PAR M. STEINHEIL

1848.

L'Automne
IMITATION LIBRE DE LANCRET, PAR M. STEINHEIL

1848.

Le Christ au tombeau
D'APRÈS PHILIPPE DE CHAMPAIGNE

Exécuté d'abord en 1851, le modèle a été repris en 1853.

La Transfiguration
D'APRÈS RAPHAËL

1851.

Sainte Famille, dite de Fontainebleau

D'APRÈS RAPHAËL

1852.

La Vierge aux Poissons

D'APRÈS RAPHAËL

La tapisserie a été exécutée en 1852 et en 1859.

La Déposition du Christ

D'APRÈS MICHEL ANGE DE CARAVAGE

1852.

Portrait de Le Brun

D'APRÈS LARGILLIÈRE, ALENTOUR D'APRÈS P. COUDER

1852.

Portrait de Colbert
D'APRÈS CLAUDE LE FÈVRE

La tapisserie a été faite en 1852; elle a été reprise en 1889 avec un alentour de M. J. Galland, d'après des documents du XVIIe siècle.

L'Assomption
D'APRÈS LE TITIEN

1852.

Portrait en pied de Louis XIV
D'APRÈS RIGAUD

1853.

Les Confidences
D'APRÈS BOUCHER

La tapisserie a été mise sur métier en 1853, en 1857 et en 1866, en même temps que *Aminte délivrée par Sylvie;* les deux modèles faisaient partie d'une série dénommée au XVIIIe siècle, TABLEAUX DE LA SUITE D'AMINTE (page 158).

Perroquet

D'APRÈS A. LUCAS

La tapisserie, destinée à un écran, a été faite deux fois en 1854.

PORTRAITS DE LA GALERIE D'APOLLON DU MUSÉE DU LOUVRE

1. *Lemercier*,   d'après Larivière.
2. *Duperac*,   id.   id.
3. *Romanelli*,   id.   Chavet.
4. *François Ier*,   id.   id.
5. *Le Nôtre*,   id.   Appert.
6. *Le Poussin*,   id.   id.
7. *Napoléon III*.   id.   id.
8. *Louis XIV*,   id.   id.
9. *Le Brun*,   id.   id.
10. *Mignard*,   id.   Daverdoing.
11. *Jean Bulland*.   id.   Duval Lecamus.
12. *Michel Auguier*, id.   id.
13. *Germain Pilon*, id.   A.-L. Hesse.
14. *Jean Goujon*,   id.   E. Giraud.
15. *Ducerceau*,   id.   J. Beaume.
16. *Pierre Lescot*, id.   Tissier.
17. *Philibert Delorme*, id.   Jobbé-Duval.
18. *Jacquet*,   id.   id.
19. *Coustou*,   id.   Boullanger.

20. *Coisevox,*   d'après Lecomte.
21. *Girardan,*   id.   A.-L. Hesse.
22. *Percier,*   id.   Fauvelet.
23. *Gabriel,*   id.   H. Hofer.
24. *Visconti,*   id.   Vauchelet.
25. *Perrault,*   id.   Marquis.
26. *Lesueur,*   id.   Biennoury.
27. *Philippe-Auguste,* id.   Brisset.
28. *Pierre Sarrazin,* id.   id.
29. *Henri IV,*   id.   P.-V. Galland.

Les portraits ont été exécutés de 1854 à 1863. En 1884, *Henri IV* a été entrepris pour être mis à la place occupée précédemment par *Napoléon III*.

Portrait en buste de l'impératrice Eugénie
D'APRÈS WINTERHALTER, ENTOURAGE D'APRÈS M. P.-V. GALLAND

1854.

Portrait en buste de l'empereur Napoléon III
D'APRÈS WINTERHALTER, ENTOURAGE D'APRÈS M. P.-V. GALLAND

1855.

Portrait en buste de l'empereur Napoléon Ier

D'APRÈS GROS (?)

1855.

Portrait en buste de Pierre Ier, empereur de Russie

D'APRÈS STEUBEN

1855.

Portrait de l'impératrice Marie-Thérèse

1856.

La tapisserie a été copiée sur un pastel d'un auteur inconnu.

Chien et lièvre

D'APRÈS DESPORTES

1857.

Fleurs et fruits
D'APRÈS DESPORTES

1857.

Vase et fruits
D'APRÈS DESPORTES

1857.

Portrait en pied de l'impératrice Eugénie
D'APRÈS WINTERHALTER

La tapisserie a été faite trois fois en 1858.

Portrait en pied de l'empereur Napoléon III
D'APRÈS WINTERHALTER

La tapisserie a été faite trois fois en 1858.

Le But
D'APRÈS BOUCHER

1861.

L'Automne et l'hiver
D'APRÈS COYPEL (NOEL)

1861.

Les Muses
COPIE AGRANDIE D'APRÈS LE SUEUR

1862.

L'Amour sacré et l'Amour profane
D'APRÈS LE TITIEN

1862.

La Musique

D'APRÈS BOUCHER POUR LES FIGURES ET M. DIÉTERLE POUR L'ORNEMENT
ET LA DISPOSITION GÉNÉRALE

1863.

La tapisserie était destinée au salon des Dames, au palais de l'Élysée.

Les Sciences

D'APRÈS BOUCHER POUR LES FIGURES ET M. DIÉTERLE POUR L'ORNEMENT
ET LA DISPOSITION GÉNÉRALE

1863.

La tapisserie était destinée au salon des Dames, au palais de l'Élysée.

L'Aurore

D'APRÈS LE GUIDE

1864.

LES CINQ SENS

D'APRÈS MM. P. BAUDRY POUR LES FIGURES, DIÉTERLE POUR LA DISPOSITION GÉNÉRALE ET L'ORNEMENT, CHABAL-DUSSURGEY POUR LES FLEURS, LAMBERT POUR LES ANIMAUX

1. *La Vue.*
2. *L'Ouïe.*
3. *L'Odorat.*
4. *Le Toucher.*
5. *Le Goût.*
6. *L'Automne et l'hiver.*
7. *Le Printemps et l'été.*
8. *L'Amour.*
9. *Panneau d'arabesques.*

La tenture a été entreprise en 1864 pour la décoration d'un salon du palais de l'Élysée.

Les n°s 4, 6, 7 ont été remis sur métier en 1889 ; les n°s 6 et 7 ont été recommencés en 1890.

La Poésie

D'APRÈS RAPHAËL

1869.

La Charité
D'APRÈS ANDRÉ DEL SARTE

1870.

La Madone dite de saint Gérôme
D'APRÈS LE CORRÈGE

1871.

TENTURE DU BUFFET DE L'OPÉRA
D'APRÈS M. MAZEROLLE

1872.

1. *La Chasse.*
2. *Le Vin.*
3. *Les Fruits.*
4. *La Pêche.*
5. *La Pâtisserie.*
6. *Le Thé.*
7. *Le Café.*
8. *Les Glaces.*

L'Eau

D'APRÈS BOUCHER

1873.

Pénélope

D'APRÈS M. D.-M.-N. MAILLART

La tapisserie a été mise sur métier en 1873 et en 1875.

La Visitation

D'APRÈS GHIRLANDAJO

1874.

Séléné

D'APRÈS M. MACUART

1874.

Il a été fait en plus trois répliques de la figure en buste seulement.

Le Vainqueur

D'APRÈS M. EHRMANN

1874.

Justicia

D'APRÈS RAPHAËL

La tapisserie a été exécutée en 1871 et en 1874.

Comitas

D'APRÈS RAPHAËL

La tapisserie a été exécutée en 1871 et en 1874.

La Vierge et l'Enfant Jésus

D'APRÈS SALVI, dit SASSOFERRATO

1874.

LA CÉRAMIQUE

D'APRÈS M. LE CHEVALLIER-CHEVIGNARD

1. *Tornatura.*
2. *Sculptura.*
3. *Flamma.*
4. *Pictura.*

La tenture a été commencée en 1875 pour le Musée de Sèvres.

Saint Michel

D'APRÈS M. L.-O. MERSON

1875.

Sainte Agnès

D'APRÈS M. STEINHEIL

1875.

La Mélancolie

D'APRÈS CIGOLI

1876.

Sainte Élisabeth de Hongrie
D'APRÈS UNE TAPISSERIE DU XVe SIÈCLE

1876.

LES MUSIQUES

D'APRÈS CHARDIN

1. *La Musique guerrière.*
2. *La Musique champêtre.*

Les tapisseries ont été exécutées en 1876.

L'Étude.
D'APRÈS FRAGONARD (J.-H.)

1876.

Homère déifié
D'APRÈS M. INGRES

1876.

La Filleule des fées
D'APRÈS M. MAZEROLLE
1876.

Jeune fille nue
D'APRÈS M. RIXENS
1878.

TENTURE DU SALON D'APOLLON AU PALAIS DE L'ÉLYSÉE

D'APRÈS M. P.-V. GALLAND

1. *Melpomène.*
2. *Terpsichore.*
3. *Thalie.*
4. *Calliope.*
5. *Clio.*
6. *Érato.*
7. *La Lyre.*
8. *Le Poème pastoral.*
9. *Le Poème lyrique.*
10. *Le Poème satyrique.*
11. *Le Poème héroïque.*
12. *Pégase.*
13. *Le Vase de marbre n° 1.*
14. *Le Vase de marbre n° 2.*
15. *Le Trépied d'or n° 1.*
16. *Le Trépied d'or n° 2.*
17. *Le Vase de porphyre.*
18. *Pilastre d'ornement n° 1.*
19. *Pilastre d'ornement n° 2.*

La tenture a été commencée en 1878.
Les n°s 6 et 15 ont été refaits en 1790.

TENTURE DU PALAIS DU SÉNAT

1. *Le Héron,*   d'après M. J. Bellel.
2. *L'Ara rouge,*   id.   M. J. de Curzon.
3. *La Statue,*   id.   M. P. Flandrin.
4. *Les Digitales,*   id.   M. A. Desgoffes.
5. *Les Faisans,*   id.   M. Lansyer.
6. *Les Cigognes,*   id.   M. P. Collin.
7. *L'Ibis,*   id.   M. Maloisel.
8. *Le Chevreuil,*   id.   M. Rapin.

La mise en métier a eu lieu en 1879.

TENTURE DE LA BIBLIOTHÈQUE NATIONALE

D'APRÈS M. EHRMANN (F.)

1. *Les Lettres, les Sciences et les Arts dans l'Antiquité.*
2. *Le Manuscrit.*
3. *L'Imprimé.*

La tenture a été entreprise en 1880.

Elle comprendra en plus les *Lettres, les Sciences et les Arts au moyen âge* et le même sujet pendant la Renaissance.

Le n° 2 a été repris en 1888.

L'Innocence

D'APRÈS M. U. BOURGEOIS

1884.

Nymphe et Bacchus

D'APRÈS M. J. LEFEBVRE

1886.

La France

D'APRÈS M. LENEPVEU

La tapisserie, en forme de médaillon, a été faite en 1887 et en 1888.

La Céramique

D'APRÈS M. L.-O. MERSON

1889.

La Tapisserie
D'APRÈS M. L.-O. MERSON

1889.

L'Autel de l'Hymen
D'APRÈS M. T. FAIVRE

1890.

Junon..... L'Air
D'APRÈS AUDRAN (CLAUDE)

1889.

Destiné au musée ambulant des Gobelins.

La Médecine
D'APRÈS M. P.-V. GALLAND

La tapisserie, destinée à la Faculté de médecine de Bordeaux, a été commencée en 1890.

La Pharmacie
D'APRÈS M. P.-V. GALLAND

La tapisserie, destinée à la Faculté de médecine de Bordeaux, a été entreprise en 1890.

Diane
D'APRÈS OUDRY (?)

1890.

Destinée au musée ambulant des Gobelins.

Reproductions de tapisseries coptes

1891.

Ces pièces, au nombre de quarante, ont été copiées sur des tapisseries égyptiennes des premiers siècles de l'ère chrétienne.

Vase de fleurs et draperies
D'APRÈS BAPTISTE MONNOYER

1891.

TAPISSERIES SUR MÉTIER EN 1892

Les Lettres, les Sciences, les Arts pendant le Moyen âge
D'APBÈS M. EHRMANN (F.)

La tapisserie fait partie de la suite destinée à la Bibliothèque nationale (page 216).

Les Renommées
D'APRÈS LE BRUN

Destinées au château de Saint-Germain.

La Cérémonie
D'APRÈS M. BLANC (JOSEPH)

Destinée au foyer du théâtre de l'Odéon.

Canard et chien
ÉCRAN, D'APRÈS JAOQUES (?)

Fleurs sur fond blanc
ÉCRAN, D'APRÈS TESSIER

La Conversion de saint Paul
D'APRÈS LES ACTES DES APOTRES, DE RAPHAËL

Destinée au Mobilier national.

Saint Paul en prison ou le Tremblement de terre
COPIE PAR M. DANGER, D'APRÈS LES ACTES DES APOTRES,
DE RAPHAËL

Destiné au Mobilier national.

Daphnis et Chloé
D'APRÈS M. FRANÇAIS

Médaillon
D'APRÈS LE MAIRE LE CADET

Ce médaillon fait partie de l'alentour de l'HISTOIRE DE DON QUICHOTTE.

LA COMÉDIE FRANÇAISE

1. Le Cid,   d'après M. P.-V. Galland.
2. Iphigénie,   id.   M. Doucet.
3. Le Misanthrope,   id.   M. Courtois.
4. Les Folies amoureuses,   id.   M. Pelez.
5. Le Jeu de l'amour et du hasard id.   M. Clairin.
6. Zaïre,   id.   M. Claude.
7. Le Mariage de Figaro,   id.   M. R. Collin.
8. Hernani,   id.   M. F. Humbert.
9. On ne badine pas avec l'amour   id.   M. Besnard.
10. L'Aventurière,   id.   M. Le Blant.
    Alentour du Cid,   id.   M. P.-V. Galland.
    Alentour d'Iphigénie,   id.   M. P.-V. Galland.

La tenture est destinée au Théâtre-Français; les n°s 2, 5, 8 sont terminés, les deux alentours sont en fabrication.

L'Audience donnée par le roi Louis XIV à Fontainebleau au cardinal légat Chigi, nonce et légat a latere du pape Alexandre VII, le XIXX juillet MDCLXIV, pour la satisfaction de l'injure faite dans Rome à son ambassadeur.

D'APRÈS L'HISTOIRE DU ROI, DE LEBRUN

Destinée au musée des Gobelins.

MODÈLES COMMANDÉS

L'Histoire de Judith

Tenture en cinq pièces.

M. Cazin

L'École française

M. L.-O. Merson

Destinée à l'École des Beaux-Arts de Paris.

Le Château de Saint-Germain

M. d'Espouy

Destiné au château de Saint-Germain.

Jeanne d'Arc à Vaucouleurs

M. Puvis de Chavannes

Destinée au musée Jeanne d'Arc, à Domrémy.

Jeanne d'Arc à Domrémy

M. Puvis de Chavannes

Destinée au musée Jeanne d'Arc, à Domrémy.

La République Française

M. Blanc (Joseph)

Destinée au palais de l'Élysée.

DESSUS DE FORMES [1]

La fabrication des tapisseries destinées à recouvrir les meubles, les dessus de formes, n'a commencé aux Gobelins qu'en 1748, pour finir environ un siècle après.

Elle existait déjà à la manufacture royale de Beauvais en 1724, mais on n'a pu encore déterminer l'époque exacte où la tapisserie tissée a été employée à un pareil usage.

Il est certain que l'inventaire du mobilier de Louis XIV ne mentionne aucun meuble ainsi recouvert ; c'est le satin, le brocart, la serge, la tapisserie à l'aiguille sur canevas des maisons de Saint-Cyr et de Saint-Joseph, le tissu velouté de la Savonnerie, qui constituent les garnitures des meubles de la Couronne ; des Gobelins et de Beauvais il n'est pas question. On peut donc admettre que les fûts du

---

1. Ce n'est pas sans hésitation que je me suis décidé, au dernier moment, à joindre à mon travail quelques indications sur les tapisseries pour meubles.

Ces notes n'auront pas la précision du Répertoire des Tapisseries de tenture, parce que les renseignements que j'ai recueillis sont incomplets et trop vagues pour identifier les ouvrages. Ainsi le plus souvent les dessus de formes ne sont mentionnés dans les états de fabrication et sur les inventaires que par la couleur du fond sans désignation du genre et de la disposition des fleurs ou de l'ornement ; le même fond a servi à des dispositions différentes et les mêmes dispositions à des fonds de diverses couleurs.

Ce n'est donc qu'à titre de simples renseignements que je publie ce chapitre.   E. G.

temps de Louis XIV, recouverts de haute ou de basse lisse, ont reçu leurs garnitures, non pas au moment où ils ont été établis, mais plus tard et d'après des modèles commandés à dessein dans le style des bois. Aux Gobelins, une seule pièce, le *Canapé des arabesques*, paraît avoir été exécutée dans cette vue.

La fabrication des Gobelins a compris :

    Canapés à joues,
    Canapés simples,
    Sofas,
    Bergères,
    Fauteuils à manchettes,
    Chaises,
    Ployants,
    Banquettes,
    Tabourets de pied,
    Paravents,
    Écrans.

Mais tous les meubles n'ont pas été d'une composition aussi complète et le plus souvent les tapisseries n'étaient affectées qu'à des canapés et à des fauteuils.

Par exception, la manufacture a tissé quelques garnitures de lit.

Dans les commencements, les ateliers de basse lisse étaient seuls chargés des dessus de formes; plus tard, les entrepreneurs Audran et Cozette en firent quelques-uns, cependant c'est Neilson qui en produisit le plus; afin d'arriver à un prix de revient moindre, il conduisit dans ce sens les travaux de l'école d'apprentissage qu'on appelait alors le Séminaire.

Vers la fin du xviii° siècle, la manufacture de Beauvais fit aux Gobelins un dépôt de ses dessus de formes, dans l'espoir que la vente à Paris serait plus facile qu'en province ; à cause de ce fait, on ne peut attribuer aux Gobelins, d'une façon absolue, toutes les pièces livrées par la Maison.

Certains modèles des Gobelins n'ont servi qu'une fois, d'autres ont été répétés ici, à Beauvais et à Aubusson.

Les tapisseries pour meubles ne portent généralement aucun signe distinct de la fabrication; les descriptions sur les états des chefs d'ateliers et sur les inventaires sont presque toujours vagues et insuffisantes pour caractériser les ouvrages ; les modèles du xix° siècle surtout, sont fréquemment anonymes ou bien ils sont attribués, non à l'auteur de la composition, mais au praticien qui les a mis au point.

Les peintres Lenfant, Eisen, Ch. Coypel et Boucher ont donné les premiers modèles ; leurs principes de décoration sont discutables ; il est peu rationnel, en effet, de figurer sur des sièges, des amours, des marines, des paysages et des animaux. Jacques et Tessier, qui ont travaillé couramment pour les Gobelins, de 1753 à 1775, ont mieux compris le meuble en le décorant exclusivement avec les éléments de la flore ; familiarisés avec le travail technique, ils ont peint leurs motifs d'une façon nette et lisible, sans empâtements et presque sans modelé ; les dispositions sont arrangées avec goût ; vers la fin, cependant, on constate une tendance à la lourdeur.

Dès les débuts du XIXe siècle, les nouveaux modèles se ressentent de la raideur et de la sévérité à la mode dans l'ameublement, et la fleur est délaissée pour l'ornement symétrique. Le genre prend son caractère absolu dans le meuble de représentation commandé par Napoléon à David qui, déjà, avait dessiné pour l'ébéniste Jacob les formes du mobilier de la Convention nationale. Le meuble de David est d'une régularité froide, mais il est exempt de sécheresse et constitue un style, ce qui est un mérite.

Sous la Restauration, la fleur combinée avec l'ornement revient en faveur, mais elle est mesquine, étriquée et sans charme aucun ; la plupart des modèles sont de Saint-Ange, dessinateur du mobilier de la Couronne, dont le goût faux et prétentieux fait regretter le style de l'Empire.

Les mêmes errements sont suivis sous le règne de Louis-Philippe ; on reprend aussi d'anciens modèles, avec des modifications dans les fonds et les emblèmes.

Cette décadence des dessus de formes et en général des objets d'ameublement, au moment même où la France se glorifiait de chefs d'école comme M. Ingres et Delacroix et de tant d'autres artistes distingués, prouve que la grande peinture et la peinture de genre sont restées sans influence sur les arts de la décoration.

XVIIIᵉ SIÈCLE

Les Quatre parties du monde
D'APRÈS LENFANT ET EISEN

Le meuble, destiné à Bouret de Villaumont, trésorier de France, montrait des figures, paysages, marines et animaux.

Fleurs, fruits et oiseaux sur fond cramoisi
D'APRÈS CHEVILLON (?)

Destiné à la marquise de Pompadour.

Les Sciences et les Arts cultivés par des enfants
D'APRÈS BOUCHER

Destiné à Mᵐᵉ de Pompadour.

Fleurs sur fond blanc bleuté
D'APRÈS JACQUES

Destiné au marquis de Marigny.

Fleurs, fruits, ornements

Ce meuble, destiné au comte de Woronzoff, avait un écran avec des animaux dans un alentour de fleurs.

Canapé des arabesques
D'APRÈS PERRAULT

Fleurs dispersées et en bouquets noués d'un ruban sur fond damas cramoisi
D'APRÈS JACQUES ET TESSIER

Ce meuble a été souvent reproduit ; l'une des répliques était destinée à accompagner l'HISTOIRE DE DON QUICHOTTE à fond de damas cramoisi.

L'Amour
D'APRÈS COYPEL (CH.) ET LEMAIRE LE CADET

Ce canapé à joues, destiné à Louis XV, montrait l'*Amour endormi*; fond de mosaïque jaune, fleurs, ornements, cartouches à paysage.

Fleurs, fruits, consoles, corbeilles, ornements, sur fond damas jaune

D'APRÈS TESSIER

Ce meuble a été plusieurs fois reproduit.

Meuble à figures

Ce meuble, à fond rouge damassé, comprend des *Amours* d'après Boucher.

Fleurs et ornements sur fond blanc, listel mordoré

D'APRÈS TESSIER

Ce meuble a aussi été fait sur fond gris.

Meuble à figures

Ce meuble n'a pu être déterminé; il est probable que les figures étaient d'après Boucher; l'atelier Neilson, dont il est sorti, ayant la spécialité de ce maître.

Fleurs sur fond vert d'eau

Le dessin des fleurs est dans le style chinois conventionnel.

Fleurs sur fond lilas

D'APRÈS TESSIER

Ce meuble paraît avoir été repris en 1805 et sous la Restauration.

Fleurs sur fond blanc, bordure de cerises

D'APRÈS TESSIER

Fond gris, semé de petits bouquets

XIXᵉ SIÈCLE

Meuble de représentation

Ce meuble était primitivement destiné au cabinet de Napoléon. Fond écarlate ; couronnes, aigles, chiffres, attributs et ornements en or ; branches de chêne et de laurier d'après le naturel.

Fleurs sur fond serin et brun

Fleurs sur fond jaune et vert

Fleurs en petits bouquets sur fond jaune

Fleurs sur fond gris bleu

Meuble de représentation

D'APRÈS DAVID

Ce meuble, destiné au grand cabinet de Napoléon, comprenait :

  1 Fauteuil pour l'empereur.
  1 Fauteuil pour l'impératrice.
  6 Fauteuils pour les princes.
  6 Chaises pour les princesses.
24 Ployants.
  2 Tabourets de pied pour l'empereur et l'impératrice.
  2 Écrans.
  6 Feuilles de paravent.

Fond rouge, figures, couronnes, attributs, branches de chêne et de laurier, abeilles, rosaces et ornements en or.

Petits bouquets de fleurs sur fond jaune

Fleurs sur fond vert, alentour de grenades

Ce meuble, commencé sous l'Empire, a été continué sous la Restauration.

Couronne royale, lis, rosaces et ornements sur fond damassé rouge, encadrement de feuilles or et argent

---

Fleurs sur fond chamois

Fleur sur fond bleu, lis d'après le naturel.

Fleurs dispersées et en couronnes sur fond bleu

Fleurs et ornements sur fond gris bleu

Fleurs sur fond blanc

Fleurs sur fond jaune, bordure brune

Fleurs, ornements, corbeilles sur fond jaune; bordure verte à feuilles

---

Fleurs et couronnes de fleurs sur fond bleu, ornements sur fond brun

---

ÉDIT DE FONDATION

ÉDIT DU ROY

Pour l'Établissement d'une Manufacture des Meubles de la Couronne aux Gobelins. (Du mois de novembre 1667.)

(Registré en Parlement, le 21 décembre.)

Louis, par la grâce de Dieu, roy de France et de Navarre : A tous présens et à venir ; Salut. La Manufacture des tapisseries a toujours paru d'un si grand usage et d'une utilité si considérable, que les Estats les plus abondans en ont perpétuellement cultivé les établissemens, et attiré dans leur pays, les ouvriers les plus habiles, par les grâces qu'ils leur ont faites : En effet, le roy Henry le Grand, notre ayeul, se voyant au milieu de la paix, estima n'en pouvoir mieux faire goûter les fruits à ses peuples, qu'en rétablissant le commerce et les manufactures que les guerres étrangères et civiles avoient presque abolies dans le royaume, et pour l'exécution de son dessein, il auroit par son Édit du mois de janvier 1607 établi la Manufacture de toutes sortes de Tapisseries, tant dans notre bonne Ville de Paris, qu'en toutes les autres Villes qui s'y trouveroient propres, et préposé à l'établissement et direction d'icelles, les sieurs de Comans et de la Planche, ausquels, par le même Édit, l'on auroit accordé plusieurs privilèges et avantages. Mais comme ces projets se dissipent promptement, s'ils ne sont entretenus avec beaucoup de soin et d'application, et soutenus avec dépense ; aussi les premiers établissemens qui furent faits ayant été négligés et interrompus pendant la licence d'une longue guerre, l'affection que nous avons pour rendre le commerce et les manufactures florissantes dans notre royaume, nous auroit fait donner nos premiers soins après la conclusion de la paix générale, pour les rétablir, et pour rendre les établissemens plus immeubles en leur fixant un lieu commode et certain. Nous aurions fait acquérir de nos deniers, l'hôtel des Gobelins et plusieurs maisons adjacentes, fait rechercher les peintres de la plus grande réputation, des tapissiers, des sculpteurs, orphèvres, ébénistes et autres ouvriers plus habiles en toutes sortes d'arts et métiers que nous y aurions logé, donné des appointemens à chacun d'eux, et accordé divers privilèges et avantages. Mais d'autant que ces établissemens augmentent chaque jour, que les ouvriers les plus excellens dans toutes sortes de manufactures conviés par les grâces que nous leur faisons, y viennent donner des marques de leur industrie, et que les ouvrages qui s'y font surpassent notablement en art et en beauté ce qui vient de plus exquis des pays étrangers ; aussi nous avons estimé qu'il étoit nécessaire pour l'affermissement de ces établissemens de leur donner une forme constante et perpétuelle et les pourvoir d'un règlement convenable à cet effet. A ces causes, et autres considérations à ce nous mouvans ; de l'avis de notre Conseil, qui a vu l'Édit du mois de janvier 1607, et autres déclarations et règlemens rendus en conséquence, et de notre certaine science, pleine puissance et autorité royale, nous avons dit, statué et ordonné, disons, statuons et ordonnons ainsi qu'il ensuit.

Article premier

C'est à sçavoir que la Manufacture des tapisseries et autres ouvrages demeurera établie dans l'hôtel appelé des Gobelins, maisons et lieux en dépendans à nous appartenans, sur la principale porte duquel hôtel, sera posé un marbre au-dessous de nos armes, dans lequel sera inscrit : Manufacture royale des meubles de la Couronne.

II

Seront les manufactures et dépendances d'icelles, régies et administrées par les ordres de notre amé et féal conseiller ordinaire en nos conseils, le sieur Colbert, surintendant de nos bâtimens, arts et manufactures de France et ses successeurs en ladite charge.

III

La conduite particulière des manufactures appartiendra au sieur Le Brun notre premier peintre, sous le titre de directeur, suivant lettres que nous lui avons accordées le 8 mars 1663, et vacation arrivant, sera donnée à personne capable et intelligente dans l'art de peinture pour faire les desseins de la tapisserie, sculpture et autres ouvrages, les faire exécuter correctement, et avoir la direction et inspection générale sur tous les ouvriers qui seront employés dans les manufactures, lequel directeur sera choisi, institué et destitué toutesfois et quantes qu'il appartiendra par le Surintendant de nos bâtimens.

IV

Le surintendant de nos bâtimens, et le directeur sous lui tiendront la Manufacture remplie de bons peintres, maistres tapissiers de haute lisse, orphèvres, fondeurs, graveurs, lapidaires, menuisiers en ebeine et en bois, teinturiers et autres bons ouvriers en toutes sortes d'arts et métiers qui sont établis, et que le Surintendant de nos bâtimens estimera nécessaire d'y établir.

V

Sera dressé et arrêté tous les ans par le Surintendant de nos bâtimens un état des maistres ouvriers, pour être leurs gages et appointemens réglés et payés par le trésorier général de nos bâtimens, ainsi qu'il lui sera ordonné.

VI

Voulons qu'il soit entretenu dans les dites manufactures, a nos dépens, le nombre et quantité de soixante enfans qui seront nommés et choisis par ledit surintendant de nos bastimens, pour l'entretenement de chacun desquels sera delivré au directeur desdites manufactures la somme de deux cens cinquante livres, payable par le trésorier général de nos bastimens, en cinq années, sçavoir : la première cent livres, la seconde soixante-quinze livres, la troisième trente livres, la quatrième vingt-cinq livres et la cinquième vingt livres.

VII

Seront les enfants lors de leur entrée en ladite maison, mis et placés dans le séminaire du directeur, auquel sera donné un maître soubs luy, qui aura soin de leur éducation et instruction, pour estre en suitte distribuez par le directeur et par luy mis en apprentissage chez les maîtres de chacun des arts et mestiers, selon qu'il les jugera propres, capables, dont il sera tenu registre, le tout par l'ordre du dit surintendant de nos bastimens.

VIII

Pourront les dits enfants, après six ans d'apprentissage et quatre années de service, autres les six d'apprentissage, même les apprentis orphèvres, nonobstant qu'ils ne soient fils de maistre, lever et tenir boutiques des marchandises, arts et mestiers auxquels ils auront esté instruits tant dans nostre ville de Paris qu'en toutes les autres de nostre royaume, sans faire expérience ny qu'ils soient tenus d'autre chose que de présenter par devant les maistres et gardes des dites marchandises, arts et mestiers, pour estre admis entre les autres maistres de leur communauté, et que les dits maistres et gardes seront tenus de faire sans aucun frais, sur le certificat du dit surintendant de nos bastimens.

IX

Et à cet effet voulons que les dits enfans qui auront été engagés dans les dites manufactures pendant un an, du consentement de leur père et mère, et qui en sortiront après temps, sans congé du Surintendant de nos bastimens, soient déclarés incapables de parvenir à la maistrise du mestier auquel ils auront travaillé dans la dite manufacture.

X

Pourront néanmoins les ouvriers qui auront travaillé sans discontinuation dans les manufactures pendant six ans, estre reçus maistres en la manière accoutumée comme dessus, sur le certificat du dit surintendant de nos bastimens.

XI

Les ouvriers employés dans les dites manufactures se retireront dans les maisons les plus proches de l'Hôtel des Gobelins, et afin qu'ils y puissent être eux et leurs familles en toute liberté, voulons et nous plaît que douze des maisons dans lesquelles ils seront demeurans soient exemtes de tous logemens des officiers et soldats de nos gardes françoises et suisses, et de tous autres logemens de gens de guerre. Et à cet effet voulons qu'il soit expédié par le Secrétaire de nos commandemens, ayant le département de la Guerre, des sauvegardes sur les certificats du dit sieur surintendant de nos bastimens.

XII

Et pour traiter d'autant plus favorablement les ouvriers étrangers employés dans les manufactures : voulons et nous plaît que ceux qui viendront à décéder travaillans actuellement, soient censés et réputés regnicoles et leurs successions recueillies par leurs enfans et héritiers, comme s'ils étoient nos sujets naturels. Voulons en outre que ceux des dits ouvriers étrangers qui auront travaillé sans discontinuation dans lesdites manufactures pendant le tems de dix ans, soient tenus et réputés pour nos vrais et naturels sujets, encore qu'après les dix années de service ils se fussent retirés des manufactures, et leurs successions recueillies par leurs veuves, enfans ou héritiers, comme s'ils avaient été naturalisés, sans qu'ils soient tenus d'obtenir aucunes de nos lettres à cet effet, ni rapporter d'autres actes que l'extrait des présentes avec le certificat du Surintendant de nos bastimens.

XIII

Seront les ouvriers pendant qu'ils seront actuellement employés dans les manufactures, exemts de tutelle, curatelle, guet et garde de ville, et autres charges publiques et personnelles, sans qu'ils puissent être contraints de les accepter, sinon de leur consentement.

XIV

Comme aussi les dits ouvriers seront exemts de toute tailles et impositions, encore qu'ils soient sortis des lieux taillables dans lesquels ils auroient été cottisés, tant et si longuement néanmoins qu'ils travailleront aux manufactures.

XV

Sera loisible au directeur des manufactures de faire dresser en des lieux propres, des brasseries de bière pour l'usage des ouvriers, sans qu'il en puisse être empêché par les brasseurs de bière, ni tenu de payer aucuns droits.

XVI

Et afin que les ouvriers ne soient distraits de leur travail, par les procès et différends qu'eux, leurs familles et domestiques pourroient avoir en plusieurs et différentes juridictions, tant en demandant que deffendant, nous avons évoqué et évoquons par ces presentes, tous et chacuns leurs procès civils mûs et à mouvoir des sièges et juridictions dans lesquelles ils pourroient être pendans, et iceux avec leurs circonstances et dépendances, avons renvoyé et renvoyons en première instance par-devant les maistres des requestes ordinaires de notre hôtel, et par appel en notre Cour de Parlement de Paris ; auxquels chacun à leur égard, nous en avons attribué et attribuons toute cour, juridiction et connoissance, et icelle interdite et interdisons à tous autres juges.

XVII

Et au moyen de ce que dessus, nous avons fait et faisons très expresses inhibitions et défenses à tous marchands et autres personnes de quelque qualité et condition qu'elles soient, d'acheter ni faire venir des pays étrangers des tapisseries, en vendre ou débiter aucunes de manufactures étrangères autres que celles qui sont présentement dans notre royaume, à peine de confiscation d'icelles, et d'amende de la valeur de la moitié des tapisseries confisquées, applicable le tiers à nous, l'autre tiers à l'hôpital général, et le reste au dénonciateur. Deffendons d'expédier aucuns passeports pour l'entrée d'icelles, et à tous officiers qu'il appartiendra, d'y avoir aucun égard. Si donnons en mandement à nos amés et féaux conseillers les gens tenans notre Cour de Parlement à Paris, les gens de nos Comptes et Cour des Aydes et autres nos officiers au dit lieu; que ces présentes ils fassent lire, publier et enregistrer, et le contenu en icelles garder et observer de point en point selon sa forme et teneur, cessant et faisant cesser tous troubles et empêchemens, nonobstant édits, déclarations, arrests, reglemens et autres choses à ce contraires, auxquelles nous avons dérogé et dérogeons par ces présentes, car tel est notre plaisir, et enfin que ce soit chose ferme et stable à toujours, nous avons fait mettre notre scel à ces dites présentes. Données à Paris au mois de novembre, l'an de grâce mil six cent soixante-sept, et de notre règne le vingt-cinq. Signé Louis. Et plus bas, par le Roy, De Guenegaud. Et à côté, visa, Séguier. Pour servir aux Lettres patentes en forme d'Édit, portant reglement de l'établissement des manufactures pour la Maison royale en la maison dite des Gobelins : Et scellées du grand sceau de cire verte, sur lacs de soye rouge et verte.

Registrées, ouï ce requerant le procureur général du Roy, pour être exécutées selon leur forme et teneur, suivant l'arrest de ce jour. A Paris en Parlement, le 21 décembre 1667.

Signé P. Du Tillet.

LISTE DES PEINTRES

CITÉS DANS LE VOLUME

Alaux, 196.
Alexandre Ubeleschi, 105.
André del Sarto, 209.
Anguier (G.), 82.
Appert, 202.
Arvier, 83.
Audran (C.), 58, 59, 76, 103, 107, 112, 119, 120, 222.
Ballin, 58, 59, 67.
Balze, 198.
Baptiste Monnoyer, 82, 97, 101, 188, 193, 219.
Barraband, 167.
Barthélemy, 159.
Baudry (P.), 208.
Baudouin, 83.
Beaume (J.), 202.
Belin de Fontenay, 97, 103, 118, 128.
Belle (C.-L.), 95, 119, 131, 146, 148, 153, 160.
Bellel, 216.
Berthon, 173.
Bertin (N.). 118.
Besnard, 223.
Biennoury, 203.
Blanc (J.), 221, 226.
Blondel, 191.

Boëlz, 82.
Boisfremont, 174.
Bolkamp, 125.
Bonnart (R.), 118.
Bonnemer, 67, 76, 78, 89, 97, 103, 105.
Boucher (F.), 142, 143, 145, 149, 150, 151, 154, 157, 158, 193, 201, 206, 207, 210, 229, 231, 233.
Boullanger, 202.
Boullogne aîné, 96.
Boullogne (L. Bon), 86, 183.
Boullogne le jeune, 105, 108, 118.
Bourgeois (U.), 217.
Bourguignon (P.), 101.
Boussonnet-Stella, 89.
Brenet, 159.
Brisset, 203.
Callet, 153, 162, 175.
Cazin, 225.
Chabal-Dussurgey, 208.
Champaigne (P. de), 199.
Chardin, 213.
Chastelain, 103, 118.
Chavannes (de), 118.
Chavet, 202.
Cheureuille, 118.
Chevalier, 136.

Chevillon, 231.
Christophe (J.), 64.
Cigoli, 212.
Clairin, 223.
Claude (G.), 223.
Colin (P.), 216.
Collin (R.), 223.
Corneille le jeune, 96, 105.
Corrège, 209.
Couder, 194, 195, 196, 200.
Courant, 61.
Courtois, 223.
Coypel (A.), 114, 115.
Coypel (Ch.), 114, 115, 121, 131, 140, 146, 154, 160, 232.
Coypel (N.), 105, 106, 109, 206.
Curzon, 216.
Danger, 222.
Daverdoing, 202.
David (L.), 166, 236.
Debret, 172.
Delafosse (Ch.), 86, 118.
Dequoy (S.), 101, 118.
Desgoffes (A.), 216.
Desportes (F.), 97, 103, 134, 163, 193, 194, 197, 204, 205.
Diéterle, 207, 208.
Dieu, 65.
Doucet, 223.
Doyen, 165.
Dubois, 58, 59.
Dubois, 168.
Dulin', 64.
Durameau, 159.
Durer (Albert), 91.
Duval-Lecamus, 202.
Ehrmann (F.), 211, 216, 221.
Eisen, 231.
Espouy (d'), 225.
Faivre (T.), 218.
Fauvelet, 203.
Feuchères, 181.
Flandrin (J.-P.), 216.

Fragonard (A.-E.), 179, 183.
Fragonard (J.-H.), 213.
Français, 222.
Franque, 182.
Galland (P.-V.), 203, 215, 218, 223.
Galland (J.), 201.
Garnier, 82.
Garnier (E.), 171, 182.
Gassies, 180.
Gautherot, 173.
Genœls, 58, 59, 83.
Gérard, 167, 169, 170, 175, 187, 189, 192, 195.
Ghirlandajo, 210.
Giraud, 202.
Girodet-Trioson, 172.
Gros, 166, 167, 173, 186, 187, 204.
Guérin, 171, 178, 179, 185, 187.
Guido Reni, 163, 207.
Guillemot, 182.
Hallé (C.), 64.
Hallé (N.), 87, 154.
Hersent, 195.
Hesse (Al.), 202, 203.
Hofer (H.), 203.
Houasse, 59, 78, 96, 97, 103.
Huet, 135.
Humbert (F.), 223.
Ingres, 198, 213.
Jacques, 221, 231, 232.
Jeaurat, 148.
Jobbé-Duval, 202.
Jouvenet (J.), 116.
Jules Romain, 92, 94, 95, 98.
Juliard, 157.
Lagrenée, 160.
Lambert, 206.
Lancret, 199.
Lansyer, 216.
Largilière, 200.
Larivière, 202.
Laurent, 179, 181, 182, 185.
Lawrence, 191.

Lebarbier, 159, 161.
Lebas, 181.
Le Blant, 223.
Le Brun, 57, 59, 60, 61, 62, 73, 74, 75, 76, 77, 81, 88. 102, 113, 220, 221.
Le Chevallier-Chevignard, 212.
Lecomte, 202.
Le Febvre, 61.
Le Febvre (Cl.), 201.
Lefebvre (J.), 217.
Le Febvre (R.), 179.
Lemaire le cadet, 125, 222, 232.
Lemire, 82.
Lemonnier, 164, 168, 178.
Le Mutien, 116.
Lenepveu, 217.
Lenfant, 126, 231.
Le Sueur, 181, 203.
Lethière, 172.
Lichery, 78.
Lucas (A.), 202.
Lucas de Leyde, 99.
Machart, 210.
Maillart (N.), 210.
Maloisel, 216.
Manory, 83.
Marquis, 203.
Martin, 83.
Mathieu, 59, 66, 74, 75, 103, 118.
Mauzaisse, 196.
Mazerolle, 209, 214.
Ménageot, 159, 162.
Merson (L.-O.), 212, 217, 218, 225.
Meynier, 172, 192.
Michel-Ange de Caravage, 200.
Mignard, 100, 188.
Montagne, 96.
Mosnier, 96.
Mulard, 173, 174, 181.
Natoire, 141.
Nattier, 149.
Oudry, 128, 136, 193, 194, 219.
Paigné, 164.

Paillet, 89.
Parrocel père, 142.
Parrocel (Ch.), 130.
Pelez, 223.
Perrot ou Perrault, 108, 128, 129, 232.
Pierre (J.-B.), 153, 154.
Poerson, 96.
Poussin, 88.
Pujol (A. de), 180.
Puvis de Chavannes, 226.
Raphaël, 61, 68, 85, 104, 184, 197, 199, 200, 208, 211, 222.
Rapin, 216.
Regnault, 164, 167.
Remodon, 101.
Restout, 116, 119, 138.
Revel, 78.
Rigaud, 201.
Rixens, 214.
Romain (Jules), 92, 95, 98.
Rouget, 180, 183, 184, 187, 188.
Rubens, 177, 190.
Saint-André (de), 67.
Salvi, dit Sassoferrato, 211.
Sébastien del Piombo, 198.
Sérangelli, 171.
Sève (de), le cadet, 59, 67, 89, 103, 105.
Snyders, 177.
Starke, 195.
Steinheil, 199, 212.
Steuben, 176, 191, 204.
Suvée, 159, 161, 163, 165.
Taraval, 153, 154.
Tardieu, 186.
Tessier, 108, 126, 222, 232, 233, 234.
Testelin, 66, 78, 89.
Tissier, 202.
Titien, 201, 206.
Troy (de), 133, 139.
Valade, 126.
Valayer-Coster, 165, 170.

Van der Meulen, 58, 59, 65, 67, 73, 74, 82, 83.
Van Loo (A.), 152.
Van Loo (C.), 138, 148.
Van Orley, 90.
Van Pol, 174, 193.
Vauchelet, 203.
Verdier, 105.
Vernansal, 65, 78, 119.
Vernet (C.), 171.
Vernet (H.), 180, 192.
Vien, 154, 162, 163, 168.
Vigée-Lebrun, 176.
Vincent, 156, 159, 161, 162, 164, 165.
Winterhalter, 196, 203, 205.
Yvart, le père, 59, 61, 67, 73, 74, 75, 76, 82.
Yvart, le fils, 58, 74, 75, 78, 83, 89, 118.

CORRECTIONS

Page 53, ligne 26 : Chevreul, directeur des peintures, *lisez* : des teintures.

Page 64, ligne 26 : deux suites complètes, *lisez* : deux suites complètes des quatorze premières tapisseries.

Page 127, ligne 2 : sur ton bleu, *lisez* : sur fond bleu.

Page 148, ligne 1 : portrait de Louis XV, *lisez* : portrait en pied.
ligne 3 : en 1764, *lisez* : en 1764 et 1769.

Page 149, ligne 12 : a été composé, *lisez* : a été compris.

Page 189, ligne 3 : fait en 1826, *lisez* : 1816.

TABLE DES MATIÈRES

Avertissement. 5
Précis historique et technique 11
Signatures des entrepreneurs chefs d'atelier. 43
Administrations et ateliers 51
Tapisseries exécutées de 1662 à 1892. 57
Tapisseries sur métier en 1892 221
Modèles commandés 225
Dessus de formes 227
Édit de fondation de la Manufacture. 239
Liste des peintres 247
Corrections 251

ANGERS, IMP. BURDIN ET Cie, 4, RUE GARNIER.

www.ingramcontent.com/pod-product-compliance
Lightning Source LLC
Chambersburg PA
CBHW050202230526
45470CB00001B/203